想念，
却不想见的人

肆一 著

广西科学技术出版社

著作权合同登记号：桂图登字20-2013-254号

图书在版编目（CIP）数据

想念，却不想见的人/ 肆一著．—南宁：广西科学技术出版社，2014.1
（2020.3重印）

ISBN 978-7-5551-0107-9

Ⅰ．①想… Ⅱ．①肆… Ⅲ．①恋爱—通俗读物 Ⅳ．①C913.1—49

中国版本图书馆CIP数据核字（2013）第310878号

XIANGNIAN，QUE BU XIANG JIAN DE REN
想念，却不想见的人

肆一　著

策划编辑：冯 兰		责任编辑：蒋 伟	
版权编辑：尹维娜		责任审读：张桂宜	
封面设计：🖤lemon		版式设计：🖤lemon	
责任印制：高定军		责任校对：张思雯	

出版 人：卢培钊　　　　　　　　　　出版发行：广西科学技术出版社
社　　址：广西南宁市东葛路66号　　邮政编码：530023
电　　话：010-58263266-804（北京）　0771-5845660（南宁）
传　　真：010-0771-5878485（南宁）
网　　址：http://www.ygxm.cn　　　　在线阅读：http://www.ygxm.cn

经　　销：全国各地新华书店
印　　刷：唐山富达印务有限公司　　　邮政编码：301505
地　　址：唐山市芦台经济开发区农业总公司三社区
开　　本：880mm×1240mm　　1/32
字　　数：98千字　　　　　　　　　　印　张：6
版　　次：2014年1月第1版　　　　　　印　次：2020年3月第12次印刷
书　　号：ISBN 978-7-5551-0107-9
定　　价：32.00元

原来时针一直停留在他离开的那天，
天气、电影或者音乐，
总有让你想起他的理由。

爱情从来都跟配不配无关，
往往跟你在一起的，
都不是当中条件最好的，
但却是最喜欢的。

每个人都只有一双手，
一只手你要拿来对自己好，
而另一只手，
你必须先松手，
才能有天再牵起另一个人的手。

所有的不欢而散，
只要时间拉得够长，
或是你们还有缘分，
最后都会变成另一种圆满。

两个人可以在一起需要运气，
但要可以一起生活，
则要靠努力。

世界上没有人应该注定孤单。
一个人如果一辈子只能爱上一个人，
这样就太哀伤。
所以，
一定会有另一个人再出现，
然后与自己相爱。

在爱情里面，并没有谁对不起谁，也没有人真的亏欠了谁，只有谁不爱了谁。

你给了自己爱他的时间，也要给自己遗忘他的过渡期。这样才公平。

味噌

漬物・醤油

自己在遇见他之前，
其实都是一个人生活。
一个人也可以过得很好，
没有人非要另一个人不可。

目
录

即使缓慢也无妨，一天比一天好一点，就会更好。只要比昨天更好，就很好，就很重要。

幸福的方法

最笨的人，
不是把玩笑话当真的人，
而是把真心话当成玩笑的，
那个人。

等待，
并不是一种爱情的方式

爱情很难有借有还，
但至少要不拖不欠，
给不了的真心，
也不要换回伤心。

写给未来的他的情书

因为一个人可以好，
两个人在一起才有可能好。
所以在你出现之前，
我先替你照顾自己。

写给每一个

沉溺在过去里裹足不前的人

从现在开始

相信爱情

没有人可以
阻止你对自己好，
因为你是你的

序

那些该忘的、该丢的，再舍不得也要试着去舍得，都应该留在转身那一刻。给予出去的，他可以带走，但自己不想留的，也记得不要揽在身上。就因为如此，所以我一直很担心自己的文章，只会为大家带来更多泪水，然后，再没其他的。爱情已经够叫人伤心，何苦要再为难大家的眼泪。

因此，我才会努力试图在文字里头，加点暖色调。我期许自己是个陪伴者，不只是发声，而是在擦干泪水后，告诉看的人还可以试图再往前走。哪怕只有一步，都弥足珍贵。我也希望自己的文字是一帖药方，每看一回就觉得伤口又好了一些。这一直是我所尽力想要做到的。

而这本书是，礼物，因此才刻意选在十二月出版。我试着想，从十二月开始或许是一年最欢欣的时刻，一连串的假期、说不尽的恭贺、送不完的礼物，然而，对单身的人来说，却是所有唯恐避之不及的开端。圣诞节才走没几天，新年就来了，接着今年农历年也特别早报到，然后，怎么转眼又到了情人节。而，孤单是会累积的，像是越往高山攀爬一样，心越会被压得喘不过气。

因此，我这么想着，或许这本书可以当作是每个觉得寂寞的人的暂时避风港。在这里有人陪伴，有人不说话却给安慰，然后就会让自己觉得不再是一个人。不再，那么孤单。我一直都相信，人都必须要靠自己坚强，我的力量微薄，但哪怕是只有一点点，我都希望有人在某一刻因为看到了我写的东西，即使只是某一句话，就觉得自己可以再勇敢一些。

这样，就足够。

在还没有某个亲爱的跟自己手牵手时，仍旧可以跟自己交换礼物。或许天是冻的，但至少知道还有某个地方会是暖的。

永远都要记得，没有人是恋爱高手，爱情是一辈子的学习；也不要去计较别人的好运气，因为运气求不来，但努力再去爱却可以。我们都无法保证爱情会很好，因此只能努力去让爱情变得好。而最终，你，你只要去相信一件事就足够，就是自己可以拥有幸福。这样，就可以让你勇敢。

谢谢我的家人朋友，是你们让我知道，无论如何，最后还是会有个地方有我的容身之处，不问是非，只管喜悲。

最后，也最该感谢的，是每一个帮我在脸书上按赞的朋友。你们可能不知道，每一个赞对我来说有多么大的鼓励，我都很感谢，同样也很珍惜，我也会一直努力。我衷心希望这本书，你们会喜欢，然后，有所获。然后，更好。

最后的最后，你一定要知道，没有人可以阻止你对自己好，因为你是你的。

　　祝好。

爱情的两岸

〳 姚谦

因为自己写的文字成书出版的缘故，角色一变，生活与视野也变了，这三年有机会开始面对另一个世界和不一样的人群：文字阅读的星球。虽然看似不一样，其实还是有很多相似的重叠。

过往在音乐圈里，面对喜欢音乐的人，我发现他们虽然在讨论着音乐，但真的在乐理上、技术上作物理性讨论的人很少。绝大部分人面向的，其实都是音乐内容和与其情感相关的事。

音乐所承载的最深之处还是情感，而情感表现又分为两类：一个是期待，一个是回顾。感情的事情对人们来说，一直是那么的容易，又是那么的困难。为了书出版之后的宣传推广，我有机会面对不同的媒体，与不同的人群对话。从中，我发现通过文字平台沟通的这颗星球上住着的一群人，其实也都是如此相近的。

人们最关心的还是自己的情感，因为情感是生命与生命之间流通的唯一管道。

出版界与音乐界最大的不同在于，文字出版有一半是关于学术理性论述的，另一半才是关于创作的。而创作里面最重要的成就，就是对于情感沟通的梳理与证明。当然，这其中既有沉重的论述，也有清新的对照。肆一与我一样来自台湾，我是通过大陆出版社的朋友推荐，才看到他的文字。十分惊喜他的文字就是清新的对照中极有力量的那一种，特别是对于感情的描述，十分透彻明白！

我想，肆一文字的最大魅力就在于他看事情的透明和清澈。那些对于当事者来说千头万绪的事情，以及如陀螺般旋转不停的情绪，在他的笔下一下子就泾渭分明了。这可能是因为男性的视野与女性的感受之间的差异吧。在面对感情困惑的时候，将心比心的同理心，以及换位思考的客观性，常常是救人一命的最重要道路。肆一的文字恰如其分地在这时候站出来，透过如家常话的口气平铺直叙，来说明他感同身受的观点。

两性之间一直都是一个剪不断，理还乱的关系，然而解铃还需系铃人。透过异性的对望观点，常常更能有效地让自己以更开放、更广阔、更全面的角度去看清楚自己所苦恼的问题，答案由自己定。我看肆一先生的文字，就具有这种魅力。在他的文字陈述里面，每一件事都有着两岸互观的明白之感。

如果爱情是人生中一个很重要的课题，那么肆一的文字不是导师，而是良友。一位在最恰当的距离，陪你两岸看爱情的朋友。

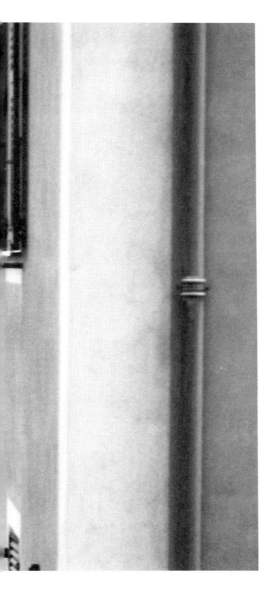

在爱情里勇敢

即使缓慢也无妨，
一天比一天好一点，就会更好。
只要比昨天更好，就很好，
就很重要。

是单身，
选择了你

一个男人的告白：
"摆脱单身的关键，就是，去爱。"

很多时候，单身的原因是，自己曾爱过某个人。

你并不挑，眼睛没有长在头顶，看过你之前交往过的对象的人，都可以证明这一点。 A 有点秃头，B 脾气不好，C 则是幼稚，但你都爱过他们，而且死心塌地，每个人都说他们配不上你，但分手时你却哭得死去活来。因为，**爱情从来都跟配不配无关，往往跟你在一起的，都不是当中条件最好的，但却是最喜欢的。**"你一定很挑喔，条件要求很高喔。" 你听过无数次这样的话，但你爱过，所以在心里知道那并不是事实。

而且爱情也跟条件无关，是跟频率比较有关，这是你后来才了解的事。

你谈过很美好的恋爱，那些爱一个人的记忆还在你脑海里，你都记得很清楚，会心跳，会满足，会微笑，也会哭泣……那时候的你花了很多时间去学习一段感情，然后记住了。你一皱眉他就摸你的头，因为知道这样会让你安心，这种无比的默契，让你上了瘾。从此，你的心里便有了爱的范本，你已经知道爱一个人是怎么一回事。所以你不是挑剔，你只是想要去爱，想要之前那样的爱情，想要那样的心跳。

就因为你真的爱过，所以知道爱是怎么一回事，因此更无法勉强。

之后遇到的每个人，都比你的前男友好，更体贴，更多金，还会来接你下班，你也试着去约会。就因为他很好、大家都说他很好，所以你要自己更努力去尝试，希望在爱的土壤上耕作，然后开花结果。但是你却发现，他越是对你好，便越是提醒了你，他的不足。他不能陪你看冷门的瑞典电影，不能陪你聊吉本芭娜娜……最重要的是，他不能让你忘记前男友到底有多好。

因此，你变成了一个人。你没有把爱往外推，没有封锁心门，在周末的夜晚会跟好姐妹去夜店狂欢，总是会有人来搭讪，给了电话，然后约会，但就是没有人进得了你家大门。朋友也会帮你介绍对象，但总是不了了之，甚至，你也不排斥相亲了。以前的你，总觉得相亲是老处女才会答应的安排，你如此意气风发，绝对不会。但后来，你才发现，原来相亲只是极想要爱的表示。但是，你始终还是单身。

你也问过自己，是否是自己的问题？总把爱情想得太美好、太伟大？自己是否太过天真？于是，你试着去配合，但却发现爱情迁就不来。太过勉强而来的，最终苦痛都会比甜蜜还要多。你相信爱情需要努力，但强求跟努力不一样。再后来，你开始怀疑自己想要的爱情是否真的存在，还是只在自己的幻想中。

然后，你又想起了前任情人。记起了那些恋爱的记忆。你终于又确定，这样的爱情是存在的，你曾经拥有过，所以现在才会无法放弃。你曾经去过远方，看见了最美的风景，所以还是想要再拥有。你想起了让自己痛苦的原因，也记起了爱情的美好，于是你还想要那样的情感。你并没有放弃爱，你这才发现，原来，其实是单身选择了你。你再也不需要跟他人解释，因为你曾经真切地去爱过一个人。

你并不是选择单身，只是选择了自己想要的爱情。

因此，你怀抱着恋爱的记忆还有温度，相信只要不放弃，爱就会存在。想爱的人，没有悲观的权利。然后，准备好随时再跟另一个他，手牵手。

他，
是你每天醒来的
第一个念头

一个男人的告白：
"起床的第一件事？刷牙洗脸，上班。"

你睁开了眼，发现自己又想到了他。

你忘了这是第几回了，但这阵子你睡醒时总是会想到他，你猜想是天气转换的关系，它总是会影响你的情绪。最近气温下降，身体冷的感受明显，就格外需要体温，这是一种动物本能。

分手已经好几个月了，怎么还会想他？早该不想了？你这样问自己，随即惊讶自己原来一直在数日子，你清楚地记得分手的时间。原来时针一直停留在他离开的那天，天气、电影或者音乐，总有让你想起他的理由。你发现，你醒来的第一个念头不是他的次数，屈指可数。

人是会欺骗自己的动物，常常理智还想要说谎，但感情却跑在前头。

你忘了是谁跟你说过，一个人最没有防备的时候其实是早上刚醒来的那一刻。无论你在白天夜里如何忙碌、多么坚强，但醒来的第一刻都会破功。因为这时候脑子还没苏醒，所以你没有办法伪装，还来不及欺骗自己，你管不住自己的情感，只能由其放任。这时候的你毫无防备，只能任由它在你的心上猛力一敲。而这时候的你，对自己也最诚实。

然后你用力甩甩头，让自己振作，用几个深呼吸把氧气送进脑子里，理智才总算又回来。你的脑子开始运作，你边刷牙边思考要穿什么颜色的衣服，边换装脑子边整理今天工作的重点，乘地铁时准备简报的内容，然后踏进公司那一瞬间精神百倍，觉得自己又正常了起来。你的能力很强，在公司里有许多人仰赖你，你总是神采奕奕，脸上的妆永远满分。下了班，你逛书店，整理资料，你还报名了法文课，因为觉得音调很美。一个人时，不管想做什么，都只要自己同意就行。

但这些努力，全都在清晨醒来的那一刻功亏一篑。

这件事不足为外人道，因为你清楚地知道他们会说些什么，就连安眠药都帮不了你，因为他向来都不会进入你的梦里，而是会在醒来时闪出你的脑海。**他不是鬼，而是你的脆弱。**

因此，你无法对外面言语。但有更多的理由却是，这是你的后盾。其实你的心里很明白，你必须用理智撑起自己，所以你不能跟别人说，因为只要一说，城墙就会跟着崩塌。你害怕只要一说，鬼就会变成现实，连夜里都不放过你。

曾经有人建议你，要忘掉一个人最快的方法就是再谈一场恋爱。你当然懂，你怎么会不懂。但跟一个人恋爱要是这么容易，你又哪来那么多的感慨。再者，你更是担心，到头来要用另一个鬼来赶这一个鬼，你就再也不得眠。

爱情就像是打牌，需要上天的眷顾，没有人有十足的把握可以赢牌，爱情有时候也就是需要赌一把，你当然知道这道理。但你更清楚，要有好运气前需要先有好牌技，光靠运气常常会让人一败涂地。于是你想先把心里的鬼赶出去，然后让下一个人可以住更久一点，而不想只是仰赖好运，想要相信自己多一些。

你选择拿到一手好牌的时候再梭哈，然后把鬼牌丢出去，换回一张红心 A。

无情，
是你所能给我的，
最后的祝福

一个男人的告白：
"什么样的方式才是最好的分手方式?
她爽快答应。"

分手的方式只有两种：自愿与非自愿。很久之后你才明白这件事。

所以，你一直都很羡慕可以和平分手的人。那是一种共识，代表两个人可以平心静气去看待彼此的关系，承认对方都很努力，很问心无愧，然后，再把拥抱变成了握手。

你们同时都接受了彼此的不完美，理解了爱情的不足够，因而最后能给予祝福，甚至，还能够成为朋友。当时你也才懂，原来爱情的结束就跟开始恋爱一样，都需要运气。

除此之外，其余的分手方式，早在一开始就注定了其中一方会受伤。

你曾经觉得，不当面提分手是一种轻视，是一种对你们爱情的不尊重，但后来你才惊觉，**分手从来都不是一种礼貌，而是一种对待，你怎么能够去跟无心的人要他的心。**而他的怯弱，从来也都跟你们的爱情无关，只是他的性格缺陷而已，你没必要为了他的错去为难自己。

跟着你才发现，所谓的分手，原来没有什么样的方式才是最好的，面对面讲、传简讯，甚至是人间蒸发，基本上都是一样的。因为，无论见不见面或理由动不动听，其实都只是给了一个离开的说法而已，就跟分手的理由一样，最后都是指向爱情的终结，并无差别。而最终结果也都只会是，不管他的举动多么有诚意，理由多么婉转动人，都无法让爱回头。

然而，你们的差异是："你想要他留下，而他却想离开。"你要的从来都不是一个结束，所以不管他用任何方式选择不爱你，其实你都无法被说服，你早该知道这件事。再者，即使是真的面对面分手，也无法让你的心跟着少痛一分。你也早该明了这件事。

最后、最后，你才懂了，其实"好的分手方法"并不存在，因为无论是哪一种方式，都无法让你的心被抚慰。

分手，就只是分手了，再没有其他的。爱情向来都很现实，你怎么会忘了。所以，费尽心力去营造出好的分手气氛，对你们的爱情并没有帮助，对你也是。因为早在他开口说结束那一刻，你们的人生早就已经岔开，而他那些曾经对你的好，也都在那一刻跟着成为了过去式。所以无论是什么"好的分手方法"，都只是锦上添花，事实是他再也无法对你的爱情交代。

因此，后来的你不要他的好，因为当他做了离开的决定，就再也不是为自己好。

分手时，你最不需要的就是他的好。因为，如果他还对你好，只会让你更离不开这段感情。拖泥带水的爱，不会让人幸福，所以请再狠一点，这样或许伤还会好得快一点，然后尽快开始新的生活。**你已经失去了过去，而他的好，则会让你跟着赔上未来，**这是你用了好几个哭红肿双眼的夜晚才得来的体悟。

　　最终，他的无情，其实是他所能给你的，最后的祝福。对此，你很清楚。

分手不难，
难的是，
放手

一个男人的告白：
"离开一个人最有效的治疗方式不是搬家，
而是再摆进另外一个人的东西。"

　　关于分手，最让你感到伤心的是，从此以后，他的喜悦或悲伤都再与你无关。而你，也无权再过问。

　　很久以后，你才意识到这件事，你们的分手突然在这一刻也才有了真实感受。你再也不能牵他的手，不能一起上街时，故意放慢脚步等他发现你消失了，看见他眼里的一抹焦急，然后暗自窃喜。你再无这些权利，就连"宝贝"这个称谓都要跟着一起让渡出去。比起他的离开，你更舍不得的是你们的那些曾经，它们几乎不可避免地也会随着他的步伐一起远离。一想到这件事，你的喉咙就像是哽了气，让你无法呼吸。才不过一眨眼，你的未来已经在昨日，但你还措手不及。

你分不清自己比较伤心的是失去他，还是失去过去，但唯一可以确定的是，未来再也不会来了。

你们再也不是你们，说话的主语从"我们"变成了"我"，你还在练习。有那么长的一段时间，你们几乎形影不离，你的所有考虑都以两个人为出发点，你的行为模式早就包含了他，那已经是一种养成的习惯，自然而然，就像是你用右手拿筷子，从没想过有天你会需要用左手写字一样，你还不是很能适应。甚至，你几乎怀疑，自己会永远都要去适应"适应"这件事。

而你也想到，从此，他快乐与悲伤的原因，也再不会是你。在所有的失去里，这点最是寂寞。

你们早已经没有关系了，但你却还是刻意避开你们常一起走的小巷，你故意绕远路，刚好就说明了自己的在意。然后，只要一不注意、一个晃神，你就会不小心多买了一个菠萝面包，回家后怔怔地望着它发呆。你不吃菠萝，但因为想起他吃时的满足神态，所以潜意识就往篮子里摆，像是走路要靠右边一样。面包的香味，让你想起了他，提醒了你这个房间到处都有他的痕迹，这让你在夜里睡不好。你想过要搬家，却终日在不舍与失去之间游移，徘徊在你们常去的店家周围，成了永不得超生的孤魂。

你还舍不得他，因为已经无法拥有现在的他，所以才会紧抓着曾有的过去不放，你把以前当成是未来在过。你以为那是一种保有，手还不肯松。因此有好长一段时间，你一直站在原地。你也不要往前，因为你的未来在他那边，你不要单独赴约。

一直过了很久之后你才明白，你的舍不得，没有让你获得更多，只有让你失去剩下的，仅有的自己。

跟着你也才懂了，其实分手不难，不过是一个挥手，一句珍重。难的是，说了分手之后，手却还紧抓着不放。原来，虽然他离开了你，但你却从没远离过他。也或者是，他的离开并不是带走了什么，而是留下了什么，所以你才会觉得他始终都还在。分手从来都不难，真正难的是，放手。

所谓的放手，不是指放开自己的手，而是放开在自己心里面，他那双还牵着自己的手。最后你才这样体悟到。

因为每个人都只有一双手，一只手你要拿来对自己好，而另一只手，你必须先松手，才能有天再牵起另一个人的手。

所以，你不说分手，而是，放手。

不要对我好，
我欠缺的是，
你爱我

一个男人的告白：
"喜欢不等于爱，对你好不代表是爱，
但要是爱，一定会对你好。"

　　比"不爱"还要残酷的是，"不爱的好"。你终于懂了。

　　不同的好。你试着想象，爱有很多种形式，而好应该也是。但可以确定的是，好是一种美好的付出，就跟爱情一样。也因此，你很容易就将好与爱画上等号。他的好让你变成了公主，让你以为他的好专属于你，你觉得自己与众不同，因此你用他对你的好建构出城堡，有可远眺的窗，还有通往未来的道路，因此你径自上路，没有回头看。

因为他的好，所以你一不小心就忘了，"好"可以有很多种，但"爱情"却只有一种。就是，他爱你。

他对你好，但却离爱很遥远。你想不通，好跟爱怎么会分开？对一个人好，怎会不是一种喜欢？你还想着他的好，但却发现自己竟不是他的那个唯一。就像是赴说好的约，但一直到抵达终点时你才惊觉自己走错了地方，你站在原地惊慌失措。你终于想到，他喜欢你，但原来喜欢可以有很多种。

跟着你才明白，他对你，或许仅仅只是某一种喜欢，就像是你很好，但只有好却不够，爱情就是难在除了喜欢之外的喜欢。就像是好也有很多种一样，朋友的好、家人的好、同事的好，还有，情人的好……而喜欢也是如此，有很多种。朋友的喜欢，你终于记起还有这一个选项。最后，你也猜想，这也可能只是他的一种习惯，就像是你习惯睡觉的位置，没想过要换，所以他还是对你好，可他也只想要对你好，再没有别的。

爱可以是一种习惯，但习惯却不一定是爱。而把习惯当成爱，更是大错特错。

他不爱你，但还是对你好，让你舍不得离开，让你以为你们还有机会，让你以为在他心里你很重要，你以为的以为，到最后都没有以为。你无法再往前进，你没想到，一开始是他的好让你们的距离变近，但最后也是他的好，让你被困住。你才发现，好不一定都是好，就像是完美的人，也要适合的才是美。而他的好，不好。

不爱的好，不仅让你赔上了过去，更拖住了你的未来。你还把他算进去你的未来，但你却不在他的脑海，你的未来还没有来就已经在过去，未来式变成了过去式。原来、原来，不爱的好，比起不爱，更残忍。

你这才懂了，原来，距离是一种保护，不只是行车要注意，就连爱情也是。靠得太近，要是来不及刹车，一个闪神不小心就会粉身碎骨、万劫不复，连命都要不回来。安全带也是一种保护，但锁扣在自己手上，你得为自己扣上。

因此，你想说，请不要对我好，如果我们没有未来，请不要对我好。这样的好，只是一种残酷，只是一种带有美好想象的错觉，就像是七彩泡泡，注定会破灭。

不要对我好，我不乏对我好的人，我欠缺的是，你爱我。而，不爱的好，是不好。

你的爱，
包含了另一个人的
伤心

一个男人的告白：
"为什么男人总是不安分？因为男人潜意识里都希望自己是皇帝。"

　　你要自己不要去问他为什么。因为你太知道，能问来的都会是泪水，而不是答案。

　　他会说些什么，其实你都清楚，"对不起"、"我不是故意的"、"我真的很爱你"……不管是道歉或流泪，都不是你想要的。不是故意，当然没有人会是故意，但你的心碎却是千真万确，他的无心并不能弥补你的伤心。而他口里吐出来的爱，眼下都只剩下伤害。该付出的都已经给予，你还能要回来什么，还要，又能问什么。

在一个无意的状况下，你发现了自己是第三者。你很震惊，就因为打击太大，所以你忘了要愤怒，也忘了要伤心。就像是快速撞击，你没有疼痛的感觉，但一低头才发现已经满地的鲜红。只是这回，血是从心脏涌出。血是热的，但你的心却是冷的。其实你最震惊的并不是自己是第三者，而是，他骗了你。他把你对爱的最基本信念都给打碎了。

而不问他为什么，并不是表示自己的默许。只是，你再不打算接受他的任何说辞。你不要他的安慰，更不要他的挽留。**你害怕自己会心软，所以只好对他强硬。**所以，你不要他的为什么，他的为什么帮不了你什么，你只能靠自己找解答。

原来，自始至终，你的未来，都不在他的手里。当然，你也想过要屈就。你已经很爱他，你的心已经受伤，禁不起再失去他。但跟着，你更震惊自己怎会有这样的念头，他不仅让你变成了第三者，还让你瞧不起自己。可是，爱情真的能委屈得来吗？委屈得来的还是爱吗？你又问自己，还要多委屈，才足够？！这段爱情，你不仅丢了自己的心，也差点赔上自己的尊严。

委曲求全，委屈的都是爱情，成全的都只是一个不圆满。

再者，你也不懂，犯错的是他，但为什么委屈的却是自己？一想到这点，你就觉得荒唐，就像是你们的爱情。从谎言开始，用真话结束。你也开始怀疑他对你的爱，但一直到很久以后你才有所体悟，其实不管他的爱是不是真的，终究都不重要，因为唯一可以确定的是，他的谎言是真的。

你终于明白，他或许是真的爱你，但却没有爱到要让你们的爱见光。他对你的爱只在地下，伸手不见五指，所以就连你的泪水他都可以当作没看见。这是他对你的爱的方式，昭然若揭，你还想要去讨什么呢？更多的爱，还是更多的失望？

你也没想过要逼他跟她分手，你对爱情的憧憬，从来都不是建构在另一个女人身上。你的爱情，仅仅是爱，也应该只是爱，而不包含另一个人的伤心。你不想伤害谁，即便你已经被伤害，但你仍想要保有自己的良善，这是这段不该有的感情里，你至少还能够骄傲的地方。

男人真要劈腿，防也防不来，你无法要求他人，但你很清楚，自己不想要的，也要求自己不要给别人。至少，你可以为她做到这些，然后，也希望未来有一个她，也可以为自己做到。

他可以让你当小三，但你也可以选择自己的光明正大。预防小三的第一步，就是自己不当小三，你很懂。

你们的爱，
你得学会先祝福自己

一个男人的告白：
"男人都喜欢年轻貌美的女生，但恋爱跟婚姻是两码事，男人也分得很清楚。"

与自己年纪相仿的人恋爱，需要的是耐力；跟比自己年纪小的在一起，需要的是耐心。

人对抗不了地心引力，也抵挡不住时间，你用最贵的保养品留住青春，报名瑜伽课程维持体态，你拼命对抗着岁月必然会带来的痕迹，但所有你的不情愿当中，你无法否认的是时间带给你的少数好处之一，就是：年少的你气盛，只顾着往前走，一说了"不"就没有第二次的机会，那时你的人生建构在"再重来"上，爱情也是。你从不觉得自己挥霍了什么，但人生是比较值，现在回头看，你比以前更懂得珍惜。

你也才懂了，时间原来也是一种礼物，端看自己收不收得下这份心意。

也就像是，时间也教会了你，爱一个人不是要让他变得像自己，而是让他做自己。

你谈过几次恋爱，对象都是同辈，也或许就是因为这样，所以你们的爱情总是拉扯。你们势均力敌、互不相让，因此很容易把爱情变成是一场竞赛，非要在里面争个输赢，永远在计算着谁付出较多，然后谁比较爱谁。

你们把对方当成是另一个自己去深爱，但也当成是自己般地要求着契合，后来你才懂，原来你们爱的都是自己。那时候的爱情是耐力赛，比的是谁体力好，谁的心脏最强，很好胜。

但你也没想到，后来的你会跟一个年纪小自己这么多的人恋爱，你当然抗拒过，你的爱情习题里从来就没有这个选项。最开始你感受到的不是欢喜，而是惊恐。你还是害怕，但怕的是外界的眼光。生平第一次，你害怕受伤的心情小于其他。然后，你又想起，年纪相仿又如何，之前的恋爱都是斑斑血泪。

当下你才明白，爱情里面最难的，从来都不是有形的什么，而是心意。人言或许可畏，但比不上人心转变的苦涩滋味。

于是你试着勇敢，跟着也才发现，当初你所抗拒的时间所带给你的一切，都派上了用场。你的好耐心、你的好脾气，都在他横冲直撞的时候成了你们感情的后盾。他的一言一行你都看在眼里，但你再不想着去教他，把他变成另一个自己，而是陪着他学习，然后一起在爱里长大。

在你眼里，他可能还是个小孩，但却有着大人没有的专注。你终于才懂了时间的意义。爱情不应该画地为牢，这也是时间告诉你的。

被雷打到的概率是五十万分之一，中乐透的概率大约是一千四百万分之一，而爱情的概率有多高？

你不想要放弃任何一个可以相爱的机会。而关于时间所带来的那些心意，也让你对于爱情多了一分了然。世界上的人口有七十亿，以前的你会想要讨好每一个人，但现在却只要你们好就好。时间无法为你保证什么，但至少你没有浪费它给你的一次再爱的机会。

这世界，声音很多，也充斥着眼光，但都不足以阻挡你自己幸福。

因为，没有一个爱情会被所有人祝福，任何事都有两面，你们的爱情也不一定非要得到大家认同不可。但重要的是，你得先学会祝福自己。

幸福的方法

最笨的人，
不是把玩笑话当真的人，
而是把真心话当成玩笑的，
那个人。

把爱过成生活

一个男人的告白：
"要怎样才可以一直喜欢自己的生活？
不是强迫自己去爱它，而是它要让我觉得愉快。爱情也是。"

　　爱需要两个人，而两个人在一起最难的不是"谈恋爱"，而是"过生活"。

　　热恋时，所有的缺点都会是一种可爱，他抽的每口烟你都觉得太帅，你买的每一只拉拉熊他也解读为你很单纯，你们什么都好，只要有爱就好。等热情退去后，粉色系的色调开始被日晒雨淋替代，日子也不再是玫瑰情话，而是打扫洗衣后，爱情的现实面才终于产生。你开始叨念他抽烟伤身，他则啰唆你买玩偶浪费钱。

因此，你开始怀疑起你们的爱，觉得你们的爱不再。当然，你不是天真的人，你谈过几次恋爱，清楚地知道爱情本来就不可能永远激情，只是，爱是不是也有保存期限？一旦过期就无法回头？同时你也怀疑，是爱情变了，还是他变了？

于是，你怀念起以前的爱情，以及以前的他。他那时候对你多么好，多么体贴，在你眼中的他又是多么完美。以前他什么都好，怎么现在不见了。然后在某一次的不小心，你突然发现，他其实也同样怀念着以前的那个你。

那时候你才惊觉，原来他还是他，你也还是你，你们都还是当初那个爱着彼此的自己。只是，你忘了而已。

你忘了，其实他还是对你很好，还是会记得帮你买红茶时要去糖加椰果，还是听你的话一天只能抽半包烟，一起去看电影会主动在背包里放上一件外套，因为知道你怕冷。然后，在你穿着短裙出门的时候还是会吃醋。你一直都在他的心里面，只是你太习以为常，觉得这是一种应该。

你终于记起，他对你的好都还在，就如同你的一样，只是自己忽略了他的好而已。

　　原来，**爱没有保存期限，人心才有。只有人会不要爱情，爱情从来都不会背弃人。**

　　跟着你也想起小时候学过的物理课。因为地球会自转，所以在这世界上没有一样东西是静止不动的。所有的事物也都会随着时间变化，这本来就是一种常态，就跟人一样，人会长大，然后更懂自己，没有一种东西是会永远原地不动，只是可能用了一种自己不知道的方式在移动罢了。

　　因此，去希望一样东西在原地不动，反而是一种不自然的事。爱情也是这样。因为它会前进，所以，人只能跟着它一起前进，才不会被抛下。原来，你早就学过这些道理。

　　两个人可以在一起需要运气，但要可以一起生活，则要靠努力。

到了最后，你终于有了这样的体悟。你曾经听过这样一句话："爱情会在日常生活中磨损。"但现在的你却觉得，柴米油盐或许是一种考验，但却不一定是种绝对。它是爱情生活的一种必然，两个人在一起总会走到那里，但过不过得去就是全凭本事。爱是一种共识，因此你学着跟他一起走向未来，而不是单纯怪罪命运。

　　而你们的爱，都还是爱，你们的爱也都还在，只是过日子是要学着怎么去把爱变成生活，而不是生活只有爱。你知道了，所以会很努力。

我们再幸福一年，
好吗

一个男人的告白：
"不要管我会不会爱你一辈子，先过了今年再说。"

后来的你，比起"爱"这个词汇，更喜欢的是"幸福"。因为只有爱不表示一定可以幸福，但幸福了，就一定包含着爱，幸福的前提是爱。

谈恋爱的人，若说不求永远，是骗人的。没有人会想要一段在开始就注定只能有火光片刻的关系，虽然爱情常常不由人，但若是可以选择，每个人会想要的都是一辈子的伴侣，而不是当某个谁过渡时期的陪伴，然后待时间一到就归还。但是，永远光想就太远，常常还没抵达就叫人筋疲力尽、满身伤痕，然后嚷着自此不要再爱。因为，永远是一种完美，而人，离完美很远。

就因为没有人是完美的，所以完美的感情也不存在。因此拼了命去寻找不存在的东西，注定会失败，最终消耗的只是两个人的情分而已。你追求过永远，所以很清楚。当时的你对于未来有许多的想象，爱情应该怎样、生活应该怎样，你在脑中描绘出形状，然后套在你跟他身上，还以为这是通往未来的唯一道路。但后来却发现，未来还没有来，失去就已经先跑在前头。他一声不响在中途就岔开，只剩下你一个人走在永远上头。

当时你怎样也不懂，你如此努力为彼此的将来费心劳力，为何他要离开。你做了这么多、思考得这么仔细，都是为了你跟他。你很周详，但却忘了爱情规划不来；你如此严谨，但唯一没想到的就是他会离开。一直以来，你太专注于永远，却忘了当下。就像是一趟旅行，你做了很多的功课，知道哪里好玩好吃，但却忘了要享受沿途风景。**而所谓的未来，其实是用无数个当下累积而成的。**

花了很长一段时间你也才理解，原来通往永远的道路有很多条，幸福的方式也有许多种，但不变的却是需要另一双牵着自己的手才行。到那时你才懂，你一直以为的永远其实只是你的永远，从来都不包含他。永远只是你对未来的偏执，因为永远并没有一定的样式，也没有非要怎样不可，只要能彼此相依就足够。

原来、原来，天堂指的是两个人与两颗心。

于是，后来的你不再计较他偶尔会犯错、就是记不住你们的交往纪念日，因为你知道自己也不完美，但重要的却是你们如何看待过错。任何事都是一体两面，可以是阻隔的障碍，但却也可以是属于前进的想象。爱情也相同。**在爱里头更没有原谅，只有包容。**

两个人在一起，就是一种退让，但这种让步并不表示自己的妥协，而像是预备跳跃之前的屈身，这是一种准备，随时要往更高更好的地方去而做的练习。你才终于明了，**原来你们身上的缺点其实都是一种让你们更爱彼此的习作，因为爱，所以才能够包容。**你不再要求完美，而是追求两个人如何一起过得更好。

最后你才发现，当自己放弃追求永远时，永远反而离自己最近。

所以，你想说，让我们再幸福一年，就这一年，不长不短，不要贪心，然后过了这一年，就会有下一年，接着再下一年……每过一年就会更接近未来一点，或许有天就会抵达永远。但在此之前，我们先尽最大的努力，去爱过这一年，这样就很好。

亲爱的，我们再让彼此幸福一年，好吗？

伤心，
不是一种爱情养分

一个男人的告白：
"'如果你跟我妈妈同时掉进河里，我会先救谁？'
'我一辈子都不会带你们去河边。'"

爱情里面，如果连最后的辛劳都不算数的话，就只剩下疲劳。

在谈了几场艰辛的恋爱之后，像终于醒来一般，你有了这样的体悟。也像是经过漫长的黑暗之后看到了光似的，很刺眼，将你逼出了泪水，但却很清晰。

很年轻的时候，你不怕爱情的困难，甚至越困难越叫你欲罢不能，你觉得那是一种挑战，是通往幸福的必经的道路。你不听劝阻，甚至，你更认为他人的阻挡，都会是你爱情上的功绩点缀。你把困苦与温热画上等号，越是被阻挠，就越不肯妥协。你如此不假思索，只顾追求。那个时候，青春是源源不绝的爱情能源，你有的是年轻气盛，欠缺的只是他爱你。

爱情需要付出，这道理你很早就懂，并且对此深信不疑，这是你的信仰，你奉为依归。所以你只管去做，就怕少了一分，但不怕超载。你不怕苦，也不怕流眼泪，只怕他不要而已。可是在被伤了几回之后，你才发现，这不仅仅是自己对于爱情的天真，更是一种假借爱情之名的完美说服。

你曾经认为，伤心是爱情里的必须，你把痛苦与眼泪当作是一种爱情的见证。但怎么也没想到，原来眼泪是一种稀释，他每讥你多哭一回，就把你的爱多冲淡一些；他每让你多伤心一次，就把你往幸福的反方向多推了一点。而**爱情，从来都不是没有功劳也有苦劳，并不是努力就会有结果，两个人能在一起，除了付出，还需要更多的契合。**你很早就懂爱情是个近乎奇迹的存在，只是在爱情面前，你忘了而已。

因此你把爱情当成是商品，误以为伤心是交易的筹码，只要付出多一点，爱情就会离自己近一点。

那时的你想了很多，做了很多，唯一没做的，就是不爱他，唯一没想的，就是他可能不是你的那个他。你对他很好，但就是忘了要对自己好。你怎么也没想到，艰辛的爱，或许只是代表了你们没那么适合，或是他很难搞，但并不意味着这是真爱。而需要人拼了命地去爱，往往在爱还没降临前，心就会先碎了无数次，命也早已经丢掉。得来不易的爱，或许让人更加珍惜，但并不表示值得。

你也以为，爱情就跟生活很像，越是艰辛越能锻炼心智，只要坚持到最后，幸福终会来临。但其实爱情跟生活不同，人要是生活得越困难就会越强韧，但在爱里越是劳心费力，最后消耗掉的只是彼此的缘分，以及带来一身的疲劳。

伤心，并不是滋养爱情的养分，而眼泪，也不会是灌溉幸福的泉水。你用无数次的心碎，终于懂了这个道理。

以前的你，越难的恋爱越不想放弃；现在的你，则承认自己没有那种能耐。这是二十岁与三十岁的差别，一种爱情的成长。你从没想过，人在过了青春期之后，还会长大，原来爱情的发育期是从二十岁才开始算起。终究，泪水是一种洗涤，让你学会辨人识物。

而爱情之所以不可得，不是因为困难，而是因为珍贵。爱情是鞋子，每个人尺寸不同，不一定要最好看，但却要穿得舒适才行。不适合她，也不等于你跟他不会很好。或许在爱情里面需要学的，是如何分辨好跟坏，而不是一爱再爱。

离开他，
是对自己的
一种成全

一个男人的告白：
"分手，不要老想着什么才是对彼此最好，
要想的是，怎样才是对自己最好。"

退让，的确是一种成全，但不是成就对方，而是保全自己。

分开以后，你终于能够这样想了。以前的你，总是想要离他近一点，你的千方百计、你的若即若离，为的都是想要更靠近他，你想要了解他所有的一切，以及你们可能的一切。在他身边，是你当时最重要的事。他的话你都照单全收，不是因为自己太过单纯，而是你更知道，所有的爱都禁不起一点的猜疑。你当然可以选择不相信他，但这样一来，你们的爱就会崩塌。

　　因此，你选择了爱。爱是你的优先。

　　你心碎过，所以太知道爱情的困难，因此更舍不得放弃任何一点爱的机会。**你并不是勇敢，每个受过伤的人都会害怕再爱，你也是。有的人会逃开，但你只是选择留下。你也不是坚强，只是还想要相信爱而已。就因为不想活在没有爱的世界，所以只能要自己去相信，一种没有选择的选择。**但其实你很胆小，熟识你的朋友都知道，你或许也很傻，只是、只是你还想要去爱，如此而已。

　　你最大的勇敢不是去爱他，是去相信爱。你最大的坚强，也不是跟他在一起，而是离开他。

　　至于你们的结束，纵使过程有多么波折，你又有多少的不甘心，最后都随着两个人分开的脚步，跟着渐行渐远。你也才懂了，当初自己离他这么近，原来看到的都是他的局部，现在离得远一点，反而一切都清晰了起来。你们的拉扯，你们的挣扎，都在距离下看到了症结，才得以解开。

或许时间不会隔绝思念，但却会稀释记忆。现在，离他远了一点，你才第一次发现，原来自己可以这么接近他。只是这种靠近，不是你当初所期望的，但现在得到，又何尝不是一种幸运。

你也试着想，或许爱情真的没有对错，只是人就是会软弱，就是会害怕，所以才会伤害了别人。因此你再也不想去争论是非，不管谁亏欠了谁，或是谁又对不起谁，这些真理清了又怎样呢？唯一可以确定的是，只要是给出去的，你怎样都再要不回来。恨一个人也需要力气，就如同爱一个人一样，你已经花了那么多的力气去爱他，再也没有多余的可以给他了。

跟着你也学到，虽然结局一样，但原来他离开了你其实并不重要，关键在于自己终于可以离开他了。分开，不再是站在原地看着他远去的背影，而是转头看向自己的未来。

他曾经爱过你，又何必去否认，只是他没有一直爱下去而已，纵使你们的关系已经结束，也不能改变这一点。他爱了你一场，你曾经觉得还不够，但现在却觉得也够了。因为你怎样也不要一个人的恋爱，这不是你对爱情的定义，而且也太对不起自己。你努力去试过，所以最后才能选择退出，因为你还想要爱，自始至终这点都不变。**如果他给不了，就不要浪费你。**

离开他，并不是成全他，而是让自己有跟某个谁再相爱的机会，是对自己的一种保全。后来你也明白了这些。

错的时间
与
对的人

一个男人的告白：
"错的时间？对的人？那是什么？
女人总喜欢卖弄文字游戏，你确定知道自己在说什么？"

　　你曾经遇过一个自己很喜欢、对方也同样喜欢你，但却没办法在一起的人。朋友告诉你，这是："在错的时间遇见对的人。"你把这句话告诉对方，看着他丧气转身离开的背影，你发现自己哭了。

　　然后在很久之后，你忘了多久，有其他男人也跟你说了同样的话。"我刚结束一段感情，需要一点时间……我还没走出上一段感情的阴影……""我现在的重心摆在事业上……"你听过无数次这样的话语，每每在感情正要迈入下一个阶段时，最后总是以"错的时间"当作收场结语。然后，在一个月后的某个聚会里，你便听到了他跟谁在一起的消息。

　　为此，你在夜里睡不着，想过千百个可能的原因。你怀疑过是否是自己不够好，起码不够好到男人愿意为你定下来，你甚至觉得自己一定有某种缺陷，或是拥有男人见到自己便拔腿就跑的魔力，你看电影《倒数第二个男朋友》时心有戚戚焉。你检讨自己，穿上当季最时尚的新衣服，化上最美的妆，发型永远符合潮流，你甚至报名了健身房，以求自己可以穿进再小一号的衣服。但却发现，账单上的数字永远比幸福距离自己更近。

　　这时，你想起了那个当初被你拒绝的男孩，你才明白，当时那个男孩眼睛里的丧气是什么意思。

　　原来两个人在一起，最需要的并不是天时地利或人和，而是意愿。因为工作永远都会那么忙碌，每个人也都会有旧情人，需要克服的事情也会一直不断出现，唯一的差别只是自己是不是对方愿意为此跨越那道防线的那个人而已。无法让他越过的人，其实都是错的人。而所谓的"错的时间"，只不过是不伤人的借口罢了。那时的男孩比你明白这点，只是你不懂而已。而现在的你更知道，即使是知晓这点，也无法跟一个人计较什么。

要拒绝一个人可以有上千个理由，但跟一个人在一起，却只要一个理由就够，那就是"喜欢"。爱情是两个人一起决议的事情，你说愿意，他说好，就可以往下走。你可以为自己做决定要不要继续，但无法叫别人爱你，这就是爱情珍贵的地方。就因为珍贵，所以你更明白无法强求；就因为珍贵，所以也不能随便。

你更明白，自己当初的拒绝与现在的他的理由，其实是同一件事。有时候爱情并不是加减乘除，这边多一分，那边少一点，就能够成立，而一个人是否要跟另一个人在一起，也跟对方好不好无关。你也经历过，所以心里明白，只是在跟自己过不去罢了。但在爱情面前，每个人都必须对自己诚实。就因为认同了这一点，所以自己更必须去接受他的决定。

他已经对自己诚实，你也没必要替他找理由，因为你想出来的每一个以为，其实都只是骗自己的谎言。这也是很久之后你才明白的事。

他的密码，
防你的不安

一个男人的告白：
"给另一半我的脸书、电子信箱的账号密码，
不是为了让她安心，而是帮自己省事。"

信任，爱情的第一步。确立后，才有往下的可能。

因此，你跟他要了他网络上所有的账号与密码，电子信箱、MSN、脸书、噗浪……你告诉自己，要他的账号密码，并不是为了监控他，重要的是它背后所代表的含意——信任。他愿意把那组代表隐私的数字给你，这就表示了他对你的信任、对两人关系的信任，而信任是爱情的基本要求。但更重要的是，这是你对他的信任。

爱情是两个人在一起的事，因此就得有所妥协，有所迁就，就像你也让渡了自己的部分不方便一样，爱情本来就是这样。所以你不定期上去查他的信箱、讯息，就像只工蚁，忙忙碌碌寻找着甜味的蛛丝马迹，你追踪着他每天的一举一动，担心他的心被偷走，没想到却也把他当成了贼在防范。

然后你想起了你所说的信任，突然觉得自己有点好笑。那组数字困住了你，你太专注于解码，而忘了恋爱不是警察与小偷。曾几何时保密防谍竟然变成你们爱情的首要工作。很久之后你才惊觉，"取得你的信任"应该是他的任务，而不是你的职责。

而，你也忘了其实男人都是笨贼。

虽然男人很爱说谎，但却不擅长圆谎，总是破绽百出，编织谎言的密度永远也比不过女人的心思。因此，爱情的变化并不需要从电子信箱、脸书上获得，从语气、眼神就可以推敲出来。所以你又问自己，为什么非要这些账号密码不可？目的是什么？跟着才发现，原来自己并不是在找他可能背叛的证据，其实是在寻觅让自己安心的证明。没有陌生女人的留言、没有暧昧不清的对话，自己就可以安然度过今晚，可是明天呢？其实你的脑海里没有一丝要分手的念头，有的只是要永远在一起的打算。你终于明了，那几个数字其实是你的不安。

原来你把密码当成了安全感，但翻完简讯之后，到头来你还是得面对自己的不安。

你早该知道，你的不安并不是来自他，而是自己。因为男人也有可能拥有另一个账号，但你却可能很晚才会发现。密码跟变心其实并没有绝对关系，他的账号密码也不是消除你不安的良药。曾经你以为，对方的账号密码是一把钥匙，一旦拥有了，就可以打开他的心门，但没想到最后却是把自己反锁在里面。而心不甘情不愿的关系也不会是你要的爱，人心也像是风，一旦要走，怎样都抓不住，防得再密，它还是溜得掉。

原来，与其费尽气力去掌握一个人，倒不如让他离不开你，这才是法则。

于是你开始在你们的爱里面活得好，你把抓小偷的时间拿来安定自己的心；把紧盯计算机窗口的双眼用来凝视他；把"今天跟谁吃饭"变成"喝酒不要开车"的甜蜜提醒，你把自己变回了当初那个良善的自己。当然，信任还是很重要，只是你把密码还给他，选择多相信一点。他也是良善。这并不是鸵鸟心态，而是你希望自己爱上的是一个这样的人，如此而已。

1 是"我想你"、2 是"我爱你"、3 是"我想到你的笑"，4 是什么你还在想……后来，你试着把那组反锁自己的数字，变成你们之间专属的密码。这样，从今以后谁都取代不了你。

而我的爱，
是我自己的

一个男人的告白：
"你可以住嘴了，谈恋爱的人，是我跟她。"

没有人的爱是一模一样的。你经历过，所以很清楚。

也就跟人一样，只有很像的人，但却找不到一模一样的两个人，然而**爱情，成败就是在一些小细节上头**。就因为这些人与人之间不同的细微，所以你跟他产生了电流，而跟他却永远都只能当朋友。在谈了几场恋爱之后，你才发现原来所谓的身高、体重、星座，或是幽默感，其实都只是你想望的恋爱对象的原型罢了，但真的要在一起，靠的都不是这些。也所以，你交往过的对象，都让你的朋友感到惊讶。

细枝末节，才是决定一段感情成败的关键。

也因此，后来的你不太常跟朋友聊你的爱情困扰、聊你的他有什么样的坏习惯，更鲜少去谈"对他，我该怎么做才好"，并不是觉得自己很厉害，相反地，你知道自己资质一点都不好，情绪常常会被他所左右，一下哭一下笑的，然后再觉得自己很笨。当然，你也不是孤僻。之所以会变成今天这样，其实是因为经验使然。因为在跌跌撞撞了许多次之后，**你终于明白了即使感情的道理相通，但爱情并没有标准模板。**

别人的建议都很好，但却往往只有在他们的爱情里起得了作用，而不是自己的。做成模板硬套到自己的爱里，不是适应不良，就是哀声连连。因为她的他不是你的那个他，而你也不是她。所以，模仿他们的恋爱模式，怎么都让你像来到异地一样，不仅是有时差，还外加水土不服。你当过几次爱情工厂的打版女工，现在想开始试着学习当领班。

而你也发现，有时候自己之所以要问，其实并不是在找解答，而是在找借口。他可能是这样想、你可能要怎样做……别人说了一百个建议，你只从其中挑了一个来用。而这一个说辞，就是你的爱情浮木，让你不至于被淹没。最后你才惊讶地发现，原来其实自己只是在找一个说法，不管是什么，哪怕是多么不可思议的言论，你都想借此来说服自己。甚至在更多时候，自己要的不是解答，而是想消除自己的烦躁。

但到头来，关于你的恋爱难题，纵使别人说得再多，如果过不了自己这关，结就是打不开。

然而，最终的理由却是，你不想要有机会因为自己的爱情而去责怪爱自己的朋友。他们的建议都是出自善意，你当然明了，也感激在心，但好心并不能保证你的爱可以完整。万一最后，你的爱情就是注定要以悲剧收场的话，最终要受苦的也只会是自己，而别人的言语，解救不了你的心碎。所以，你想用自己的方式去努力，就算心碎，也可以对自己负责。

当然、当然，你也知道那些关于爱情的疑惑，并不会因为不问就消失。但是，你也发现更不会因为自己问了，问题就能解决。爱情天气始终诡谲不定，而你能不变的只有自己的心。虽然你还是会在爱情里彷徨，巨大的不安常会侵蚀着你，只是，你不再试着从外面寻找答案，因为关于你跟他，只有你自己清楚。

恋爱里面每个人都是新手，你太知道这件事了。而你的爱，是你自己的。你想自己做主。

幸福的方法

一个男人的告白：
"幸福是什么？嗯……就是她能给我所有我想要的。"

幸福只有一个可能，但方法却有很多种。这是你的信仰。

你忘了从什么时候开始，自己竟然会这样想。以前的你总是瞧不起那些在男人面前假惺惺的女人，什么温柔，什么软弱，你都嗤之以鼻。但跌跌撞撞了几次之后，才发现**爱情是一个食物链，道理一样都是物竞天择，只有到最后能留下来的人才是赢家**。就像是变色龙变换身体的颜色一样，那是一种自保，也就像耍心机之于男人，其实是在爱情里面的保护色。不仅仅是保护了自己，更可以让你们的爱持续运作。

因为，男人虽然比较务实，但有些时候却比女人还要天真。例如，男人总讨厌耍心机的女人，但却喜欢温柔可人的女生。他们天真地以为女人的温柔、体贴，都是与生俱来的天分，却不知道这一点一滴都是算计，衡量着与他的距离、与幸福的距离。男人不知道的其实是，女人不是天生就爱耍心机，而是不得不。简单、自然的爱多么让人憧憬，但是幸福却往往要跟现实拔河。你的爱情当然很珍贵，但却可能一瞬间就不值钱。

耍心机并不可怕，可怕的是粗劣的手段。这也是你很久之后才知道的事情。

而所谓的心机，如果没有被发现，其实就不存在。也只有不被发现时才能称作心机，要是没有拿捏好，一不小心就会变成人们口中的"邪恶"，也会让男人避之唯恐不及。

这是一种关于爱的体悟，爱情是美好的，但却也很实际。

然后，你也认同爱情很现实，就如同他的心，爱与不爱的距离其实并没有想象中那么遥远，好朋友与情人常常也只是相隔一条线而已，离得很近，但结果却是天差地别。你经历过、争取过，跟着也受伤过，所以你很了解。这是爱情的残忍，你也愿意接受。你已经过了去跟爱情，或是跟另一个人说道理的年纪，因为，**爱情要是可以理智，就不叫爱情了。**

"这样的爱情，不累吗？"你当然听过这样的疑惑，但想到的却是以前的自己，然后觉得好笑。你想反问的是："有人说过爱情很简单吗？"如果爱情真的这么容易，悲伤的情歌就不会大受欢迎，就因为你太懂了，所以现在才那么拼命。当然，爱情也不是非要耍心机才行，只是爱情常常让人非要如此不可。因此，在问累不累之前，你比较想问爱情难不难。

但也只有你知道，你并不是鼓励要在爱里耍心机，而是要想清楚。

因为再后来你才发现，原来要不要心机其实都无关他人，而是自己。到头来，你的心机关系的其实是自己想要怎样的人，而自己又想成为怎样的人。爱情不一定要怎样不可，也没有人可以保证如何就一定能够成就爱情，但你却可以选择要爱怎样的人，又要怎么样去爱一个人。**爱情是一面镜子，让你在它面前可以看见自己。** 或许爱情的确需要用点小手段，但也并不是要自己变得市侩不可。

终究爱情是一种学习，让我们成为更好的人，更值得被爱的人，而不是得到爱情却失了自己。因此，在决定要不要要心机之前，你要学会先问自己，要的是怎样的爱情。

爱的想法
跟你一样的人，
最好

一个男人的告白：

"单纯是好事，会让人觉得可爱。但蠢不是，它会让人感觉无奈。"

爱情从来都没有好坏之分，只有人才有对与错的差别。最后你懂了。

你曾经责备过爱情。自己那么努力，那么小心翼翼，怎么最后还是输了？你不知道自己哪里做错，但爱情就是没有相同的回报，因此你觉得是爱情没有善待你，跟着也埋怨起命运没有让你遇到好的人，所以才会跌跌撞撞至今仍不得安稳。但其实你心里清楚，这不过是一种欺骗，因为爱情从来都是好的，坏的都是爱里的人。

只是，怪罪爱情比去责备一个谁要容易得多。因为只要可以责怪命运，就能持续对人依赖，梦就可以不要醒。就因为你知道爱里面需要两个人，而两个不同的人要培养出同一种爱，有多么困难，所以才逃避。但当时的你也忘了，不清醒，梦就永远无法成真。

　　爱情很需要努力，也需要一点退让，你退一点，他让一些，然后才可以一起再往前。你当然明白这些道理。但困难的却是，要退多少才够？要让多少才刚好？从来都没有人教过你这些。就像是原本你觉得爱可以很单纯，但却不知怎么地总是复杂了起来。

　　你也觉得爱情变得比以前难，通讯越发达，网络越活络，但却没有把人拉得更近，反而是越看不清楚。想谈一场简单的恋爱，往往不简单。你无法分辨是环境让人转变，还是人本来就会变。跟着你才有所体悟，原来不管什么事，只要加上了时间，就会变。爱情也是。然而，在所有的变与不变当中，你绕了一圈后，唯一可以确定的是，自己要的爱从来都没变。

单纯的爱或许不简单，但要勉强去谈自己不认同的爱，却很难。经历过，你才明白了这些。到头来，你终于明了，爱情没有对错，只有自己接不接受。你无法要求别人配合你，但也没有谁可以要求你非迁就他不可，爱是一种自愿，而不是指定作业。可是这并不是表示爱情不需要努力，只是、只是，没有一种爱，需要叫人让步到连自己都否定掉。这样的爱，不能算是爱。

爱情不是一种潮流，里头不包含过季打折，你的爱永远都珍贵，不应该被抛售。

就像你还是喜欢单纯，还是觉得白开水比汽水有滋味，还是喜欢笔杆抵在指腹的温度……他们都让你觉得好，而你觉得好，爱情也才有可能会好。也就像是你的想象中的他一样，不一定要最好，但却一定要跟你有同样的价值观。别人觉得傻的事情，只要有一个他也这样想，就成了幸福。你清楚地知道，你的爱情不需要合乎时宜，但却要真心无缺。

你相信爱情会进化，就跟人类的演化一样，适者生存，人会修正调整，变得更好。只是所谓的进化，并不表示自己需要迎合别人的标准才行，而是随着时间的推移，自己更加懂得自己的价值。就因为你很努力去勉强过，所以更清楚，你的爱不一定要跟别人的一样，你也可以不管对错，但却需要自己的认同。最后你终于发现，其实粉色系的爱一直都还在，只是以前出现的人身上没有罢了。

　　以前的你恋爱，觉得最爱你的人最好。但现在的你要的爱情则是，爱的想法跟你一样的人，最好。

在爱情里，
不公平才是公平

一个男人的告白：
"恋爱不是数学，忘了加减乘除，去享受爱，才会快乐。"

你的不快乐源自他的不公平。

曾经你以为爱情最难的是，在一起。因为有那么多的难题需要克服，两个人如此不同，阻碍永远比运气多得多。而且，还要有一连串的机缘，让两个人同时相信冥冥之中有所安排，才能有办法相爱，这些，需要上天的眷顾才行。否则，一瞬间缘分就已经变成错过。你去看了《真爱挑日子》，觉得很悲伤，但更害怕自己是剧中那个女主角。

但在大多数时候，你却觉得就连遇见一个人都很困难。你逢年过节都去求月老，皮包里的红线已经接成一条马路，但就是不见上面出现一个身影。

　　但开始恋爱后，你才发现爱情最难的是从一个人变成了两个人。 你开始不我行我素，买东西也习惯买两份，安排度假计划也会考虑到他，这样好不好，那样对不对？你很快便适应了两人世界，仿佛你是天生的爱情好手一般。因为恋爱是两个人的事，所以你也同样要求他，你这边多付出一分，他那边就要给多一点，这样才公平。你时时刻刻都提醒自己现在是，两个人。你向来就善于打理，就连爱情也是一丝不苟。

　　你天生就是一个有正义感的人，所以也同样迷信公平。因此你觉得感情需要互相，两个人要在同一个天平上保持平衡，关系才不会动摇。你那么仔细小心、适时提醒，就怕有了差错。你并不是一个严格的人，对于朋友、同事都能给予同情心，但不知怎么了，却总把责备给了另一半。

　　就像是面对父母，自己的爱都会变得尖锐。

　　你把爱情变成了菜市场，在里面讨价还价，心意则变成了一种交

易。但自己并没有察觉。

最后，你变得爱计较。你开始挑剔爱情里的一些小细节，放大检视每一个举动，你越是追，他越是躲。他的好在你眼里通通都不见了。其实你还是觉得他很好，但却老是让他觉得自己不够好。这时候你才了解，在爱情里面，自己原来才是那个不满足的人。爱里的每一个小毛病，都变成了大问题。你是一个追求公平的人，但却忘了爱情里面更需要的是包容。你觉得自己变得不可爱了。

走了好长一段路之后你终于明白，原来在爱情里，不公平才是公平。

他离开了之后，你花了许多时间才弄懂这件事。以前的你觉得男人总是粗心、男人总是不够体贴；现在的你则以为，男人不会计较、男人不会钻牛角尖。任何事都有一体两面。也就像你对他的爱一样，你相信他是用自己的方式在爱你。或许不完美，但却真心诚意。

现在的你不再要求公平，你看着一个人的好，在希望他给予之前，先要求自己付出，不问回报。然后，觉得他爱你比什么都重要。

情人节？
人情节？

一个男人的告白：
"过节最糟糕的事情不在于买礼物或订餐厅，
而是买了礼物她不开心，餐厅她不满意。"

　　一直到今天你才惊觉，"情人"跟"人情"两个字，原来很像。

　　很早之前你就听过这样一句话："情侣在一起久了，就会变得像家人，而不再是爱人。"当时的你虽然无法否定这句话，但却难以接受，因为如果说结婚是每对情侣最后的想望，那么，最终的结果不就是一定会变成家人吗？这本来就是必然，不是吗？对你来说，这句话里没有疑惑，而是现实。只是那时的你还不懂，为什么自己会对这句话感到如此愤愤不平，后来的你在爱里打转过几回之后，才终于有了新的理解。

家人，并不是一个用来脱罪的借口，让自己可以对爱情漫不经心，更不是一种拿来替自己对爱情不负责开脱的理由。爱情是楼梯，一阶一阶往上，而每个踏出的步伐都是一种学习，一种新的阶段与意义。一个人可以不爱另一个人，但家人，不应该是终结爱情的原因。因为，我们不会离弃自己的家人，可在爱情里，却成了背弃的缘由。

原来、原来，你自始至终在意的都是，当激情退去后，剩下的是什么。

而爱情之所以珍贵，端看的也就是当熟悉感取代了新鲜感之后，是如何应对；但刺激转变成一种习惯之后，要如何一起往下走。人无法跟时间赛跑，再怎么努力，它永远会跑在你的前头，你只能跟人比赛。

终究，你只能努力让自己变得更好，而不是希望爱情可以更好。**爱情之所以美好，并不是因为爱情本身，而是因为在里面的两个人的努力。**

就像是情人节，其实你并不一定要过情人节，例如百忙之中抽空的问候，加班后的巷口卤味，或是雨天里的一把伞，对你来说，这些都弥足珍贵。

情人节的意义，终究是一种心意象征，不在于你做了什么，或是没做什么，商人用金钱估算这个节日的价值，但你在乎的是他的心意。你在意的是，他的心还在不在你的身上。

虽然"情人"与"人情"两个字笔画一样，只不过是顺序颠倒过来而已，但意思却整个跟着相反过来。也就像是爱情一样，"不爱"其实也不过是"爱"的反义词罢了，但代表的意义却完全不同。

当情人变成了一种人情对待，"情人节"变成了"人情节"时，你决定解开这个结。

或许情人有天终会变成亲人，每对情侣最后都逃不过这一点，也没有人能够幸免。但是，那示意的是一种感情的升华，是一种往更亲密熟悉的方向去的指引，你们在彼此心里面占了更重要的位置，而不是一种被默许的敷衍对待，对此，你很明白。圣·修伯里曾说："爱，是两个人望着相同的方向。"而你的那个他，是一个也要能够认同这一点的人。

最终，你的依归是，你的爱，很珍贵，不能够被随意对待，它值得给能够珍惜它的人。就如同你如此认真去看待爱情一样。而，不把你的爱当爱的人，你也不想去给予，你的爱。

我很好，
希望你也是

一个男人的告白：
"分手后再见的第一句话？称赞她变美，
要是一直找不出来优点，就说新发型很好看就对了。"

你发现，自己可以祝福他了。因为只有自己过得好的人，才能有能力去祝福另一个人。

"我很好，希望你也是。"你们再见面的第一句话。你把自己摆在前面，因为他早已不是你的优先，更因为你觉得自己早已比他重要，不再像从前。然后，你再给他祝福，不是疑问句，而是千百个肯定。你希望他可以好，就跟现在的你一样，过去那些不管好的或坏的，你都努力让它变成了一种意义，所以也希望他身上同样带着你的祝福。

也就像是"再见面"，也是好事。你们几乎可以像是老朋友，所以，能再见面是好的，可以看看他，跟他说些不着边际的话，确认他是否过得好，就很好。毕竟相爱一场，你心里多少还是会挂念着他，可那再不是一种爱情，只因为他是你某部分的自己，如此而已。你也不想要更多，也不需要刻意保持联络，**对你而言，他是个存在，就足够，靠得太近不一定好**。你们是那种想过把手机里对方的电话删掉，然后又会舍不得，但留着也不会打给彼此的朋友。拥有彼此的电话号码，是你们最后的关联，这样就很好。

时间不只教会你祝福，还教会你对自己好的方式。

你已经不太记得你们当初为什么会分手了。当初争执得不可开交的理由，你竟然一点都想不起来，你觉得有点好笑，那时候明明觉得那么重要，所以才会不肯让步，才会说什么都不要妥协，但现在却再不复记忆。那么，当时在意的到底是什么？时间或许会篡改记忆，但常常是在不知不觉中偷走自己的回忆，而人就是在这样的推移中长大的。

你才明白，所有的不欢而散，只要时间拉得够长，或是你们还有缘分，最后都会变成另一种圆满。只是这个圆满，不在彼此身上，而是在另一个人。跟着你也才惊觉，那些曾经不只是变成了已经，现在都变成了你心里的明镜，指引着你。你曾经听过，每个人跟另一个人相遇，都是为了跟他学习一件事情，你不确定这句话是否正确，但你却很确定自己之所以变成现在的自己，很大一部分都是他所给予的。原来，是他让你变成了更好的人。

　　那些过不去的，不仅都已过去，还过成了你的将来。

　　其实在还没有见到他以前，你曾在脑海里想过千百遍情境，反复练习过台词。你以为自己会不知所措，在他的面前，自己永远都是孩子。而你也不确定见到他，自己可以很好，你的坚强可能会瞬间就瓦解，可能他的一举一动还是会牵引着你。你的伪装，从来都逃不过他的法眼。因此，你很感激这次的偶遇，你终于可以确认自己是真的很好，已经在他的爱里长大成人。

分手后的再见面，从来都不会是一场叙旧，而是一个试炼，考验着自己对爱、对他的能耐。

　　最后，你要自己去祝福他，当作是爱的毕业典礼上的一种见证。你终于可以安心，终于可以从今以后只为自己。而你更知道，去祝福他，其实更是祝福自己。因为这表示自己已经把过去留在时间里，示意自己已经有能力再继续往前了。

　　祝福，是相爱过后的毕业证书。你很高兴自己终于完成这个仪式。

结婚不是一种
条件交换

一个男人的告白：
"婚是一定要结，但三十岁结婚是结，四十岁结也是。离了也可以再结。"

　　结婚，当然不只是一张证书而已，男人有多想逃避，就等同于它有多么重要。

　　你听过太多的男人用这样的理由来回避结婚这件事，这是一种搪塞，你当然懂这些话里隐藏的涵义，不负责任、贪玩、不成熟……只是你不想去追究而已。你不想追究，并不是因为觉得自己比较高竿，而是更知道，其实每个人都只愿意去接受自己想要接受的事情而已，就如同人无法被改变，只能自己改变自己一样。你太多次试图改变一个人，但最后得到的往往都是自己的妥协。再者，为什么要说服一个人来跟自己结婚？你很认真看待结婚这件事，如此慎重的事，如果还要靠说服来达成就会显得可笑。

　　.

　　你曾看过一个女星在访问里这样说："选老公，就是要选疼你的。男人再有钱，不疼你都没用。"于是你恍然大悟，结婚不是一种条件交换，而仅仅是一种心意的确认。车子、房子，都不如一颗心重要，人心一旦走了就很难再要回来。因此，你更加不明白为什么要去说服男人结婚，因为结婚是两个人一起往前的方式，要比现在更好，更幸福，这才是结婚的意义。你非常清楚，虽然婚姻是一纸证书，但它却无法保证些什么。但幸福却是要他愿意、你点头，才得以成立。

　　终究，结婚，是一种自由意志，就跟恋爱一样。他可以不想娶你，但他也忘了，其实你也不是非嫁他不可。

　　就像是男人从来都没有意识到，其实女人是有道理比他更害怕结婚才是。如果说，恋爱是从"我"变成了"我们"，那么婚姻则是从"我家"变成"婆家"，原本一加一的算式一瞬间就从加法变成了乘法。结婚、结婚，结的不是两个人，而是两个家庭。你不但把自己嫁了过去，跟着也把自己的妈妈摆到他的母亲之后，婆婆比娘重要。男人不知道，你对婚姻的恐惧并不亚于他。

再者你也无法确定结婚后是否会很好，或是会变得更好，但可以确定的是，你觉得现在很好，你不想去改变现在的关系。以前的你，只要你的他认同即可，但现在却是要一家人的认同。你这才明白了，其实你并不是恐惧结婚这件事，而是害怕结婚这件事所带来的附属。而这些附属，会改变你拥有的现在。

你终于发现，挡在结婚面前的，并不是未来，而是现在。你也害怕失去现有的美好。

只是，在某些时候，你还是愿意去冒险，你想去努力看看让两个人可以再走到什么地方。但你也不想把结婚当作是一种义务责任来规范，恋爱、交往，然后结婚，你依循的从来都是自己的心。没有人规定两个人在一起应该怎样才是，幸福是一种权利，每个人都应该拥有，而这与结婚并没有绝对的关系。你要的其实不是婚姻，而是更幸福。

最终，在结婚所有这么多的不确定里，你只知道一件事，就是其实你并不需要去告诉他结婚的好，就如同你也不用去说服自己一样，你需要的只是，自己感受到结婚的好，而他也刚好，仅仅是这样。结婚不是申论试题，不需要谁来说服谁，但却是你的幸福，因此才更需要心甘情愿。

　　而不管结不结婚，到最后，所有的关键都是，你快不快乐，如此而已。

等待，

并不是一种爱情的方式

——
爱情很难有借有还，
但至少要不拖不欠，
给不了真心，
也不要换回伤心。

等待，
并不是一种爱情的方式

一个男人的告白：
"男人不相信一见钟情。
但是，男人第一眼就会知道要不要跟眼前的人在一起。"

等待，是一种爱情。

以前的你曾经这样认为过，觉得只要专心一意，少说点苦，多说点甜，就会收获爱情。因此你花了很长时间去等待一个人，他上一段感情的阴影还在，他很爱她，所以需要一点时间整理自己。你觉得自己是个成熟的大人，于是照单全收，却忘了自己的心也在喊疼。当时的你什么都不怕，你只害怕他嘴里吐出"不"而已。

他需要时间，你给得起。你只担心对不起爱情。

你们一起吃饭、散步，他只要一通电话，你再忙也会挪出时间。你们会在深夜聊很久的天，聊他的生活、他的同事，然后知道他的主管很怕事、总机小姐暗恋他。你觉得全世界静得只剩下彼此的心跳声。接着，你开始知道他的兴趣、常去的餐厅与爱看的电影类型，他吃蒜不吃葱，你会体贴地替他把味噌汤里的碎葱挑出来。他也跟你聊他的那个她，已经过去的那个她，说他们的故事，说她是如何伤了他的心，在你面前他不需要伪装。你们几乎什么都能聊，时间不是问题，就连电话费也甘之如饴。你觉得爱情正在萌芽。爱情近在咫尺，你从没想过跨越不过那一步。

你相信，等待可以孕育果实，就像农夫在春天播种，秋天收成一样。但你却没想到，他的爱情没有四季，时间不是必要。接着那天他带着女伴出席聚会，你事先没听他说，那时候你才知道，原来自己并非自己认为的那般了解他。你以为你们之间的秘密很少，但他却瞒了最大的那一个。

那时候的你好爱他，相信只要有爱，就能够克服一切，等待与耐心是爱情里的美德。只是你怎么都没想到，他对你并没有爱。

于是你才明白，原来自己只是他过渡时期的陪伴，他跟你一直聊她，你以为那是一种亲密，但原来只是放心。你只是他的好朋友，他的爱情从来都没有你的份。

在爱情里，有心是专利。放心，则是给朋友的。

你的世界瞬间崩塌，你拉上窗帘，不开灯，一天只吃一餐也不觉得饿，你的身体没有了感觉，只剩下心还痛着。你还是早起上班，装作若无其事，但周遭的朋友都知道你一定出了什么事，只是无从问起，你也拒绝回答。你在惩罚自己。你觉得自己遇到感情骗子，那些聊天、说笑、掏心掏肺都是假的，但跟着你也才惊觉，原来他从来就没给过你什么承诺，自始至终都是自己在主演独角戏。有好长一段时间，你适应了黑暗，但从此眼睛却什么都看不见。

你把泪水当药方，用一个又一个失眠的夜来愈合伤口。终于你才清楚了解，那时候的你并不是执著，天真的成分还比较多一点。时间虽然不能帮你滋养爱情，但却治好了你的偏执。就像感冒一样，只要吃得好、睡得好、注意保暖，就能够痊愈。然后有一天你会醒来，发现昨夜的高烧退了，外头的阳光再也不是刺眼而是闪耀。

爱情的确需要等待，需要去等待适合的人出现，而不是去等待一个人爱你。

想念，
却不想见的人

一个男人的告白：
"男人很务实，不会做没有收益的事情，因此不会想见前女友，他比较有兴趣的是新猎物。如果还想见，应该是还想获得些什么。"

在某些时候、某些片段，例如一个街角阳光洒下来的角度；谁不经意的一个小动作，或是无意的一句话语，你，想起了他。你的前任恋人。

其实你不是很常想起他，你们分开好一段时间了，时间不长不短，这段期间你也认识了谁，试着跟谁再建立起一段关系、谈一场恋爱，但最后却都不了了之。于是总是在一场败兴而归的约会，或是一场索然无味的谈话之后，他就会跳出你的脑海。那时候你才发现，**原来在他之后，每每认识了一个新的对象，都是对他的一种召唤。**

因为，只有他听得懂你的话，只有他明白为什么你会对着植物说话，知道当你看凑佳苗的书时为什么会哭，也只有他，从来不问你为什么总睡左边，只是帮你把枕头摆好，提醒你小心别落枕。大多数的关系只要经过时间，一起经历得够久，就自然可以建立起一种认知与理解，但唯有默契，一开始自己就会察觉。所以只要有他在，你都再不觉得孤单。因此，你想念他。

但这并不是一种比较。或是一种旧与新的竞赛，你很清楚人是没有输赢的，**拿旧情人比新人，更是一种自讨苦吃**。只是，你也知道，这是一种对照，之后的每个人，都越发让你想念起他的好。

然而，即使如此，你却不想见他。不，你当然想看看他现在好不好，你不想要的其实只是跟他面对面。你不想跟他讲话，你不想被他问起自己好不好，因为不管自己好不好，只要见了他，自己的武装就会全部缴械。在他面前，你平时的伪装都会功亏一篑。他还是那个最懂你的人。当然你也想过复合的可能性，但也只是想，虽然当初你们分开的原因已经模糊，但直到现在或许仍然无法克服。因为在有些时候，时间只能帮你理清问题，而无法解决难题。

也或者，其实你想保留的是，与他的那份爱的美好记忆。你害怕一旦见了他，自己极力留下的相爱气味，都要一并还回去。你猜这是时间的好处，它帮你筛选过滤，只留下时光里最好的部分，你还想记得恋爱的味道，相爱的感受。因此，只要能远远地、不被他所察觉，看看他，就很好。远远地，就像你们现在的关系一样，就很好。

终于你也才懂了，自己之所以会想念他，其实并不是因为他的那些好，而是因为，之后再也没有一个人可以让你觉得好。你怀念的，自始至终都是，爱。

然而，却也是他让你可以这么想，是他的存在告诉了你这世界上还有这样的爱存在，并且怀抱着信念。他让你知道生命中一定会有个人再出现，像他一样让自己觉得很好，像他一样可以让自己奋不顾身。是他让你可以继续拥有爱的愿望，并且去追寻。

因为、因为，世界上没有人应该注定孤单。一个人如果一辈子只能爱上一个人，这样就太哀伤。所以，一定会有另一个人再出现，然后与自己相爱。你这么想，是他，让你能这么想。

爱情里面，
没有谁对不起谁，
只有谁不爱了谁

一个男人的告白：
"不爱了为什么不提分手？因为我在等一个好时机。
什么样才算是好时机？就是，她先提的那个时候。"

女人的残忍是，分手得干干净净；而男人最大的残忍是，他们不说分手。

你用了无数个泪眼蒙眬的清晨、几次的碎痕，才印证了这句话。你曾经以为，爱情最残忍的事情是背叛，在你心里还有他的时候，他已经爱上别人，但却还要你的成全。他要你用你的心碎，来换他的幸福，你从来都没想到，他所要的幸福是你的让渡，而不是你的呵护。

你不知道该怎么成全，要如何成全。

但经历过你才真的懂，原来在爱情里最残忍的不是分手，而是"不分手"。

他说，他还爱你，还说，他不想伤害你，爱与不爱常常无法切割得那么清楚，你也明白这道理。但是，拥有与失去，却常常跑在爱情之前，跟着一眨眼，就来到你眼前。你这才懂了爱情的残酷，**爱情是铜板，爱与不爱是两面，翻个身，疼爱就变成伤害**。他的一句舍不得成了绊住你的理由，却让你在里头永无翻身之日。

你更早该知道的，面对爱情，女人总是比男人勇敢，女人总是比男人更奋不顾身，更愿意付出所有。女人就是比男人专心，但就是常常忘了男人容易分心。只是因为一度的太美好，让你得了意，忘了形，一不小心就粉身碎骨。等到你再记忆起这件事的时候，伴随的已经往往就是伤口。就连结束的时候也是，女人也总比男人勇敢。

男人老是不想在爱里面当坏人，即使心不在你身上，但也总是能撑着。到后来你才有了新的理解，原来、原来，对男人来说，时间不是削弱他们魅力的利刃，反而可能像是增添风味的添加剂，他没有损失。他拖住了爱情，却消耗了你。但对于你来说却不同，你的时间比他的还要宝贵，他如果需要，你绝对给得起，但就是浪费不起。

你以为是爱情自私，但原来不爱了，才让人更加为所欲为。

可是，男人天生就比女人贪玩，因此你还想相信他的良善，他没有那么坏，他不是存心伤害，你深爱过的人，不会忍心这样对你。真的爱过一个人不会舍得伤害。你还想相信他的好，就如同你想给爱情一个善良的交代一样。爱情是好的，他也是好的，这些都是好的，只是你唯一没想到的是，他的爱已经是过去式，你们的未来早就不会来。而那些爱的对待，也早已经跟着他的不爱留在过去。

原来、原来，爱情里没有坏人，只有"不爱了"。

于是你才有新的体悟，其实在爱情里面，并没有谁对不起谁，也没有人真的亏欠了谁，只有谁不爱了谁。而你，在爱情里面的所有不确定当中，少数可以确定的只是，不能让自己被浪费。自己，绝对不可以对不起自己。

爱情里面没有坏人，但你再也不需要勉强自己去当一个好人。这一刻，在爱里长大成人。

终于可以把已不再的，变成是一种关于爱的进化。

我失去的不是"你"，
而是"拥有你"

一个男人的告白：
"人本来就是孤独的，不管靠得如何近，最后还是一个人，不是吗？
我以为小学课本有教这件事。"

原来，与一个人关系的断裂所示意的不是失去，而是不再拥有。

你第一次深刻感受到这件事，是当你去巷口面摊买面时，老板娘的那句："一样两份？"你连忙摇了摇头，跟着就把心里的脆弱给摇了出来。那时候你才确确实实地觉得，原来，你是一个人了。有那么久的时间，你都是两个人，也早已经习惯什么都买两人份，毛巾两条、拖鞋两双、饮料两瓶、交通费要乘以二……就连牙膏的消耗速度也要乘以二。

然后，他离开了，你努力让自己变回一个人，变回认识他之前的状态，你那么努力，但没想到只消他人简单的一句话，就让你的伪装全部瓦解。

因为，**没有人可以真的回到从前，一旦爱过了，就不一样了。**就像是膝盖上的疤痕，只要跌过一次跤，身上就会永远记住。你爱过，所以知道。

他还在你的心里，从来就没有离开过。面摊阿姨会提醒你他的存在，你们一起种的盆栽也会，棉被上他的气味不管洗了几次只要一盖上都还是他的味道，而你每天经过你们一起等车的站牌，都会看见他。甚至，就连你的身体都会。每天清晨一醒来，双眼还没来得及张开，你已经先自然地往右手边挨过去，那是他睡的位置。他每天都出现在你的周围，周遭的每一件小事都让你记起他。原来，你并没有失去他，相反地，你想起他的频率还比以前更多。跟着你也才明白，其实自己并不是失去他，而是不再拥有他。

失去，指的是丢掉了原本属于自己的东西；而拥有，只是跟别人借来的。

也就像是，你不再拥有驾驶座旁的位置，你不再拥有加班要他来接你的特权，你不再拥有当你出差时他去帮你喂猫的权利，你也不再拥有他的情人节与圣诞……最后你不再拥有的，是"女朋友"这个头衔。原来这些，都是跟他借来的。当初你从他那边得到的什么，现在都要全部还回去，利息是伤心。

可因为他早已经是你的一部分，所以你才一直以为自己拥有他，因为爱，让你一不小心就大意，完全没想到自己只是陪他一段的可能。他不是你的手，不是你的心，并不属于你，但却像是你的太阳，你睁开眼就会看见他，可其实从不曾拥有过他。

关于他的离去，你很伤心，但你最常想起的并不是他，而是你们。你才惊觉，在那么多的不再拥有里，最最让你伤心的其实是，你不再拥有的并不是你们过去的那些回忆，而是那些可以预期的美好。例如，你们每个周末会去散步的公园，每周三固定去吃一碗爱玉，还有你们常去的咖啡店里固定坐的位置，你再也不能跟他一起……原来你不再拥有的不是过去，而是那些未来，而是这些日常生活里再平凡不过的小事。对此，你感到最为难受。

人的幸福，就是由这些微小美好所组合而成。于是之后，每次经过你们常去的小店，你都会感到悲伤。

你当然听过"如果从来就没有拥有过，又哪来的失去呢"这句话，你也懂道理，但这种说服却无法让你的伤心少一点。知道与做到，常常都不在一起。就像是爱与被爱一样。因此，有好长一段时间你都住在水里，你老是在同样的地方打转，走你们常走的路，听到的声音只有自己的心跳，然后把眼泪哭成水族缸里的水。水是你们的回忆，让你有安全感。

但你怎么也没想到，你以为自己是抓住了回忆，但其实是错过了风和雨，也错过了新的阳光。你既无法拥有过去，也得不到未来。终于，有天或许是雨水拍在水面的声音惊动了你，你抬起头，终于记起了爱的美好。

你才发现，自己把失去叫做真爱，把得不到称为珍贵。而你之所以伤心，其实并不是因为自己没有拥有什么，而仅仅是自己注视着自己所缺乏的。

　　于是，你离开了水到陆地上，如同鱼变成了两栖类，也就像是一种生物的演化。你终于学会把失去的变成是一种收获，获得一种关于爱的进化。

从他给的伤心里毕业

一个男人的告白：
"失恋了怎么办？再去爱一个人，如果这个不行就再换一个，总有一个会不让自己哭。"

　　一直到某天，当你发现自己不再哭着醒来时，才终于确定自己已经痊愈了。你不再害怕想起他，也不再刻意去避开与他共有的回忆，就连聊天的话题也不需要再迂回打转，只为了去闪躲或是去试探。甚至，偶尔在房里发现没有清理掉的他的东西时，也不会再落泪，你终于好了。发呆的时间也变少，不再成天加班只为了让自己累一点。

　　虽然你曾经一度以为，自己再也无法康复。心那么疼，每天早晨你都是被痛醒，一张开眼回忆就涌进来，像是早上的日出，刺得你无法呼吸，也无所遁形。拉上窗帘，它就从底下透出来；闭上眼睛，它

126

就钻进你心底，在漫漫长夜里张狂喧嚣。于是，你觉得自己再也好不了，而你害怕，自己真的好不了。

你更害怕的是，你觉得自己会一辈子就这样伤心下去。而这点，让你最害怕。

你的伤心有很多，草木皆兵。你的伤心是，你曾经以为他是你的未来，现在却再也不复存在；你的伤心是，你曾经那么幸福，现在却一无所有；你的伤心是，现在的你有什么快乐悲伤，拿起电话第一个想到的还是他……那些曾经有多么美好，现在就会逼出多少泪水。原来、原来，你的那些伤心，都是你的曾经。

你不懂，为什么人会变？昨天还很好，但今天就变得不好，他的温柔怎么在一瞬间就变成了冷漠？如果这是一种不得不，那么，是不是爱情根本就没有永远？甚至，你开始否定他曾给你的一切，你追究他说过的每句话，希望从里面找到相爱的证据。那些誓言都在你的脑中打转，每拿出来复习一次，心就多伤一遍。他走了之后，你像行尸走肉，因此拿泪水喂养伤口，伤痛让你觉得自己还活着。

猛地你才惊觉，原来这竟是一种留住他的方式，只是代价是赔上自己。他已经离开，但你却还把未来交付给他。但心碎并没有药方，你不知道如何让自己好起来，虽然你很讨厌把答案留给时间去解决。但有时候，自己回答不了的，有一天时间会给你答案。而你少数能做的，只是好好吃饭。好好睡觉，然后，提醒自己要呼吸，不要常常感觉喘不过气。你要努力让自己的生活维持在一定的基调上，因为在很多时候，就连要做到这点都很难。

你要试着把过去变成是一种纪念，而不再把伤心当成是一种生活方式。你也要努力去记得他给过的好，提醒自己有一天一定有人可以再给你，而不是只惦记着那些他给不了的。你不要把缺憾当作自己的重心，你要把自己的未来拿回来，再过成另一个未来。那些爱过的美好，今后都会陪伴你往前走。然后，在时间给你解答之前，你要先照顾好自己，一直到某天终于能够发自内心地再微笑。

爱情还是那么难，分手永远都那么疼痛，你觉得自己或许一辈子都修不好恋爱这门课。但起码，你可以学会从让你伤心的人身上毕业。至少，你可以为自己做到这点。

关于你的害怕

一个男人的告白：
"我怕蛇。你说'失恋'？那是一种动物吗？"

其实你一直都不是个胆小的人。在游乐场里，你敢玩男生害怕的云霄飞车，脚才刚落地就吆喝着再玩一趟；你喜欢吃奇怪的食物，越难走的登山道越是跃跃欲试，你也不怕一个人去旅行……你喜欢新奇，勇于冒险，其至你比你所认识的男生在大多数时候都更勇敢。所以，你并不胆小。

但唯独在爱里面，你不勇敢。你很多虑，你很固执，你有很多的规矩，有人说你难搞，但只有你知道自己并不是挑剔，你只是想保护自己而已。就因为没有谁可以保护自己，所以你要对自己好一点。再后来，人们开始说你胆小，害怕在爱里受伤。你知道他们说的都是真的，所以你无法反驳，但是，你的心会痛，也是真的。

因此，当他们指责你"胆小"的时候，也只有你知道自己有多想比他们希望的再勇敢一点。

而关于胆小，其实你有很多话想说，你并不是一开始就是这样。你也憧憬过爱情的美好，全心全意付出过，如果爱情只有美好，那该有多好。但就是因为受过伤，所以才怕了。你曾经那么勇敢，但爱情并没有同等的回报，还在你的脸上甩了一个巴掌。然后，你不停地问自己"为什么"，但用了很长的时间才发现，**爱情里没有解答，也没有加减乘除。人的心是风筝，一旦断了线，抓在手上的就只剩回忆。**而你付出的代价是无数个由黑转亮的清晨，以及在你耳旁喧嚣的泪水，它们比窗外的喇叭声还刺耳。

或许你的身体是健全的，但是心上却有疤。你还不确定自己痊愈了没有。

所以你害怕了。原来，一段感情的结束，其实终结的不是自己的爱，而是胆子。于是，之后你的勇敢在一段感情开始之前，就已经有了防卫，心还没有开启，就过不了胆量这一关。其实你并不想这样，你知道自己心里想要去爱，想要再被叫一次"宝贝"，尤其在天冷时，你越发怀念起手的温度。所以那些张口说你挑剔的每张嘴，都不知道其实你并不喜欢自己的逞强。

然后，你又想起了上一段恋爱。

你很惊讶，至今自己还记得那些痛的感受，仿佛昨日，历历在目。从来都没人教过你如何面对失恋，每个人都说要去爱，要去感受，但然后呢？如果受了伤该怎么疗愈？要是觉得恐惧了该怎么克服？会不会心痛根本就不会好？还有，你又该如何面对你的害怕？

你开始在爱里面胆怯，所有的害怕总结出一段段还没开始便早夭的爱情。你害怕自己的害怕，而这点，让你更加害怕。

可是，你不知道该如何让自己勇敢，你找不到方法，你并不是没有试过让自己坚强起来，而是有些事再努力也没有用。就像是爱情，即使是模范生也不一定能保证拿到满分。尤其你发现，你与爱情的距离有时候跟运气比较有关，而不是努力。但也只有你知道自己并不是悲观，你只是觉得自己还没准备好。你在等一个人，等他的出现让你知道自己已经可以再往前走，等他的出现让你知道自己的伤已经痊愈。或许会有那么一个人，让你发现自己原来可以坚强。

你在等一个人，当你看着他的双眼时，觉得自己可以为他再勇敢一次。

封锁一个人

一个男人的告白：
"当男人不想看到一个人的时候，就能视若无睹。"

于是，你不再以为封锁他可以解决问题。

你当然试过做这件事，但在脸书或 MSN 窗口上，左键按下"确认删除"的那一瞬间，你却清楚地感受到自己心底深处的某个部分也跟着崩落了。然后，在某个不成眠的夜里，又偷偷把他加了回来，希望趁着漆黑的夜色可以遮掩自己慌乱的心。这时你才发现，原来自己一直都没有忘记他的账号，你不只默记了他私人的电话、公司的电话、信箱账号……你把他刻进的是心里，而不是脑子里。所以当理智告诉你该忘记时，心却还抓着不肯放。

越是用力想忘记，反而越是加重在心中的力道，记忆也越是清晰。

所以你删了又增，再删再增，鼠标每敲响一次，自己的心就跟着被撞击了一次。然后，你听见了回音，在空荡荡的心房里传来巨大的声响，连寂寞都遮掩不住。原来，**思念像是影子，你逃得越快，它就跟得越紧。连夜晚它都不放过。你关了灯，它就住到你的心里。**

很久之后，你才发现这是一种瘾。就像是染了毒瘾的人，真要戒除，决心只是其中一个要素，要真的根绝，还需要时间。他已经在你心里扎了根，要一下就连根拔除太天真，他曾经是那个你开心时会第一个打电话通知的人；他曾经是那个当你生气时跟着你一起咒骂，然后安抚你的人；他曾经也是那个你睡前没有听到他声音就会失眠的人。你们曾经那么那么要好，这些你都还记得。

他曾经是你生活的一部分，直到现在逛超市时，你还是会潜意识走到他最爱的熟食区；挑选衣服时，还是会优先考虑他最喜欢的颜色；购买面包时，一直到结账才发现里面多了一个他爱吃的青葱。他喜欢的口味、他喜欢的节目、他喜欢的餐厅……你花了很长的时间才学会这些。

你给了自己爱他的时间，也要给自己遗忘他的过渡期。这样才公平。

每天看他动态二十回，到每天看他十回，以前的你，是为了你们两个而活，现在是为自己。一点一滴，你希望从寂寞手中抢回时间，然后分给快乐。

烂男人

一个男人的告白：
"男人都很烂。关于这点没有什么好讨论的。"

"他是个烂男人！"后来，你不止一次从他人口中听到这样的话。

他又伤了谁的心，最近又在哪间夜店出没，然后，身边的女伴又换了谁。每隔一段时间，就会有类似的耳语传到你的耳朵，不仅情节都很类似，就连最后的结局都相同。这个他们口中所谓的"烂男人"是你的前任情人。

他有多烂，你早就已经见识过，劈腿、偷吃、自私、满嘴谎言，你都经历过。跟他一起的那段时间，得到的安慰比呵护多，泪水也比拥抱常贴近自己，到后来你才发现，眼泪的盐分会侵蚀一个人，最后连心都跟着一起腐坏。他犯的错，但被惩罚的人却是你。在他失联的那天，你整夜无法入睡，待在椅子上看着天色转白，直到他回来丢下的那句："我又没有叫你等！"你惊讶地发现，原来是自己给了他伤害自己的机会。

当下你才明白，**没有一个人可以伤害另一个人，除非是自己愿意。**

更后来，最让你无法忍受的，并不是他的花心，而是自己，而是那个帮他找借口的自己。就像是一个溺爱孩子的母亲，骂了他一顿之后，还是继续爱他。你花了好长时间才明白，溺爱并不是爱情，爱情不会伤人，但溺爱却会。

你跟他在一起的时间虽然没有长到可以拿出来说嘴，但却是热闹有余。那段时间你们最常做的一件事就是吵架，周遭的朋友也跟着遭殃，但到后来你才了解到，爱会一并跟着那些脱口而出的恶语一样消失，然后蒸发，就跟泪水一样，每吵一回，爱就腐蚀了一点。最后只剩下悲怆的滋味留了下来。可是现在想起那时，却远得像是跟自己完全无关的事一样。你也很惊讶自己听到他的事时，情绪竟然不会波动，你明明就那么生气过，明明狠狠诅咒过这个男人。你曾经那么爱他，然后恨他……如此不断反复着。

他一度是你的全世界，现在却那么无关紧要。

现在回忆起来，其实你还是知道自己当初为什么爱他，但却惊讶自己为什么会那么爱他。他的幽默，其实是幼稚；他的智慧，原来都是小聪明；他总是光鲜亮丽，但却是月光族；而迷人的外表，也在夜夜笙歌下磨损了。原来自己的爱情是一场误会，你花了几年的时间才确认这些事。那时候你做错了很多，但唯一没做错的，就是在那次大吵他摔开房门离开时，你没挽留他。

甚至你发现，跟他在一起之后，你对自己做过最好的事，就是离开他。

之后你用了很长一段时间才走出来，然后你试了许多种忘记他的方法，却发现花的力气比遗忘的事情还多，而记得他的时间也比不记得的还要多。你才知道，每次刻意的遗忘，其实都是在提醒他的存在。

因此你开始顺其自然，不再跟时间比赛，吃饭、工作、旅行，你把自己放回正常的轨道上，逐步适应，生活不是只为了忘记他。

然后一直到某天，就像是今天，你听到他的名字之后，发现自己原来已经释怀了。你不再记得他的坏，甚至开始觉得下一个人一定会更好，你终于康复。最重要的是，你不再拿他的错来惩罚自己。

他很坏，他很烂，是的，以上皆是，只是，你不再觉得是自己的事。为此，你感到庆幸。

写给未来的他的情书

因为一个人可以好，
两个人在一起才有可能好。
所以在你出现之前，
我先替你照顾自己。

都，没事了

一个男人的告白：
"男人从小就被教导要坚强，要勇敢。我们从懂事开始，就在学习照顾自己，而女人，常是希望被别人照顾。"

　　你相信，人是一种能够自愈的动物，所以伤口才会结痂。心也是。

　　你知道自己在爱里受了伤。而且，很重。所以，你才会一想到他就无法呼吸，会刻意避开你们常走的小巷、常去的餐厅，然后，在夜里会哭着醒来，这些都是证明。连你的同事都看得出来。你无法否认，也不想否认，你把所有的力气都拿去爱了一个人，所以现在才像泄了气的皮球，再没多余的力气去假装。你如此奋不顾身，一点都没想到他会离开，所以你连疗伤的力气都没预留。

你一直觉得他是你的未来，赌注全押上，就连后路都没有留下，所以现在才会举目无亲。

但你的伤心也不是想要博取同情，你缺乏的只是爱，并不是怜悯。你知道自己没生病，你只是不小心，然后受了点伤，而且很痛，如此而已。但只有健康的人才会生病，它会帮助你增强抵抗力，因为人活着本来就要受点伤，对此你很清楚。你只是需要一点时间，让自己可以有力量，然后可以为了谁再勇敢一回。

因此，当周遭的人都在为你着急时，你跟自己说，不要急，慢慢来。这是他们的关心，你了然于心，也心存感激。但你想等伤好了，再去爱人，这样才对得起未来的那个他，也才对得起自己。你不想匆忙，想要放慢脚步，脚步踏实，上一段爱情使你飘飘然，却也让你重重摔到地上，你还在练习站起来。你想要靠的是自己的力量，而不是别人拉你一把。你更没有把受伤当作是一种惩罚，而是一种练习。因此，你知道自己还没好，所以不想勉强去说我很好，现在，你最不需要的就是欺骗自己。所有的爱情都要先对得起自己，才能有办法去对别人负责，对此你很明了。

爱情已经失去，但至少你还拥有自己的诚实，你还可以对自己诚实。

你也知道自己的样子会让周遭的人担心，而会担心你的人都是爱你的人，你更清楚这件事。但你很想跟他们说，请放心，因为他们的担心最终都会成为你的担心，你只是现在还不好，但你相信总有一天一定会好转，你会对自己好，照顾自己，多晒太阳，多喝水，但是，是用自己的方式，而不是他们的。你只是还没好，但不表示永远都不会好。

每个人的新陈代谢不同，伤口愈合的速度也不一样，所以，你也相信每个人都有自己的步调。而你了解自己，清楚怎样对自己才最好。就像是你知道自己花了那么多的时间去把一个人摆进生命里，所以也需要一点时间才能复原一样。爱情没有特效药，你只能当自己的医生，吃自己开的处方药。而你承认了自己的不好，就是自愈的第一步。

也就像是，你刚从两个人变回一个人，你还在适应，现在只是过渡期。你还在学着把"对他好"，变成"为自己好"，你也在调整文法，不再用复数自称。**爱情的失去，原来是从"我们"变成了"我"，**所以你还在练习一个人。

.

有一天，一定会有那么一天，你会对着镜子里的自己说："都没事了。"而你知道自己会很努力。

加分题的恋爱

一个男人的告白：
"不用问男人是不是外貌协会，这根本不是个问题。
回答'是'，是希望给别人诚实的印象；
说'不是'，也不过是想假装自己文明罢了。"

"外表是第一关，过了这关，什么内涵、幽默才算数。"你在某本杂志看到了这句话，恍然大悟，开始力行。

你戒了熬夜，因为实验报告指出这样会让皮肤更有光泽，加三分；你报名了健身房，为的是希望身材看起来更苗条，加五分；你也换了新发型，发型师说这样会让你的脸看起来更小，加三分；然后，你把上一季的衣服都摆进储藏室，换上新装，再加两分。

你把爱情比作一种考试，努力加分，都是为了求得一份幸福。

你变漂亮了，可是却没有因此变得比较开心；有更多人追求你，可是却没有人留下来；你收到很多礼物，但其实最想要的是幸福。你不懂，你做了这么多，拼了命让自己可以更好，有更多的人喜欢，可不知怎么，你还是谈了一段又一段未果的爱情。爱情并没有随着你的分数增加而更长久，反而让你得到更多的灰心。

最后，你看着镜子里的自己，觉得陌生，觉得自己开始不像是自己了。你才惊觉，自己不仅是没得到快乐，还失去了自己。原来，一直以来你都在讨好别人，而不是自己，你让自己变美，不是为了让自己开心，而是希望别人喜欢。自始至终，你都在希望另一个人来让自己开心。"自己如果不珍惜自己，又怎能希望别人珍惜。"突然间，你想起了这句话。

于是你也开始不相信爱情，觉得上天对不起你，自己如此费心尽力，但为什么身边就是少了一个人。虽然收到的礼物变多了，但却不表示与心意成正比；喜欢你的人也变多了，但却不表示好的人也增加。

跟着你才惊讶地发现，伴随着自己的美貌而来的，并不是恒久的喜欢，而是一种短暂的迷恋，有多容易得来，就有多快速消失。

最后你才体悟到，虽然自己一直在加分，但"加分题"只会帮你找到对象，而无法帮你觅得"好对象"。而你要的，从来都不是一个爱你的人，而是爱你够久的人。

要爱得够久，久到你一皱眉，他就知道你在逃避；久到你一沉默，他就知道蜂蜜红茶可以讨你开心；久到你一耸右肩，他就会替你加上外套。要爱得够久，久到他觉得生活中再不能没有你，你不是可替换的消耗品，而是他生命的必需品。

爱情虽然是一种竞争，每个人都应该努力让自己变得更好，但不表示你要去迎合，而用加分题去恋爱，把它当作自己的最主要优势，就像是礼物上的精美包装，很美，很吸引人，但一打开就知道好坏。虽然男人没女人心思细腻，但时间一久也分得出合适不合适。

当然，外表还是那么重要，但不是唯一，你知道还有什么比这个重要。美貌应该只是加分，而不是你的价值。也像是蛋糕上的花样，应该是点缀，而不是主商品。就像是在讨好别人之前，你也学会了先讨好自己。

最后你才懂了，加分题只能帮助你及格，但却无法让你拿到高分。而最终是，在要别人爱自己之前，你要开始先爱自己。

怎么，会单身！

一个男人的告白：
"比单身更可怕的，是无法去谈恋爱。"

"我怎么会是单身？"句子一开始是疑问句，最后，句末变成了惊叹号。

你很早就开始恋爱，在学生时代你的爱情就已经萌芽，高中、大学，你的身边始终围绕着男生，你的爱情从没断过。那时的你甚至没有时间悲伤，因为你的心随时都有人填补，身旁的座位永远都不会是空的。你甚至已经很习惯在睡前会留下三十分钟的时间跟对方道晚安。虽然你知道自己并不是个超级大美女，称赞你可爱的比漂亮的多，但你有林志玲没有的酒窝，总是会有人喜欢你。你从不觉得认识男生很难，爱情很不容易。

直到有一天，你突然发现身边没人了。

一开始你以为是自己最近比较忙的关系。你踏入了职场，有了新的朋友，去跟以前学生时代不一样的餐厅，化妆的技术也越来越好，聊的话题也从偶像变成时事，你变得比以前更加成熟。同时你也比以前更会打理自己，更有能力照顾自己，婴儿肥已经从脸上消去，你有了梦寐以求的尖下巴。你觉得自己变得比从前更好，爱情也正在不远处等待。

但渐渐地，你却开始发现，身边的朋友越来越少，只有每个月的账单数字逐渐增加。大家各有了自己的生活，然后你开始收到喜帖。你还是很忙碌，但行事历上一个人的计划永远比两个人多，逛超市的频率也比上餐厅频繁。你觉得每个人都在往前进，只有自己背对着他们往后走。你努力思索，自己到底是在哪个时候与大家岔开了路，但只换来双眼的黑眼圈。

就像是呼吸空气一般，你没想到自己有一天竟然会缺氧。

"你的条件这么好"、"一定很快就会找到男朋友的"……朋友的话围绕在耳边，但随着日子推移，这些安慰的话开始变成了刺，每听一遍，你就更沮丧一点。你怎么也不懂，为什么现在这个优雅懂事的自己，会比不上当初那个任性幼稚的自己，越是长大，爱情越是离得远。所以，你再也没办法被这样的言语安慰。

就像是接力赛一样，你跑得比人快，因此你以为自己应该会被安排在第一棒，但没想到名单公布，突然发现自己成了最后一棒，当周遭的朋友纷纷接到棒子时，只有自己的手是空的。虽然你从来都不觉得自己会早婚，但是怎么也没想到自己会离结婚这么远。而你的接力赛，在某天突然变成了耐力赛。

接着，你身边的位置空了很久，朋友邀约时也不再询问："会携伴吗？"那时候你才惊觉，自己的单身已经变成了一种状态，而不是过渡时期。再后来，朋友在你面前也开始避开结婚，或是谁交了新男友之类的话题，但因为很刻意，所以你总是会察觉，然后假装没听到。

你那时才发现，别人看好你恋爱的比例，就跟他们跟你讨论的频率一样，言语是量器，原来不说话比说话更伤人。

有人切换了你的爱情开关，"停止键"变成了常态，"暂停"已经是过去式。

于是你开始害怕。你并没有拒绝爱情，你还是想要有人陪，但却像是被迫接受单身一样，你离两个人越来越远，距离你最近的体温永远是自己养的小狗。你害怕就这么一直下去。你急了，因此抓住了离自己最近的浮木，就像溺水的人迫切求生一样，但到最后却总是发现离爱更远。爱虽然无法形容，但却很确切。所以你不要了。你赖以为生的浮木，其实承载不了你的重量，原来能拯救自己的只有自己。发现必须先上岸，才能找到家。那时候你才懂了，不能因为想爱的念头而对不起自己。

你还是想爱。你还是想把一个人摆在心上，还是想要有人在你犯错的时候骂你笨蛋，然后每骂一回就更宠你一点。因此你要自己努力去记住爱一个人的感觉，提醒自己不能忘，一旦忘了就等于失去了爱的资格。你一直都在整理自己，希望先把自己准备好，然后有一天他出现了，才能够减少遗憾，离永远更近一点。

原本急性子的你学会了耐心，先把爱收好，相信真心不会被辜负，然后，随时准备再谈一次恋爱。

开始练习，
一个人过节

一个男人的告白：
"新年？喝酒。圣诞节？喝酒。
情人节？喝酒。一个人过节？喝酒。"

比起一个人过节，其实你更害怕的是别人问你："节日打算怎么过？"

打算？什么打算？每当这种时候，你就会后悔自己为何没有事先就想好答案，你早该料到总会有人问起。尤其是脸书上，一过完圣诞节，新年活动预告就马不停蹄地一波波来袭，接着又是情人节，每看一回，都只是一再扩大了你是如何寂寞而已。也就像是新年，是象征新的开始的意义，但你怎么样都觉得自己像是被全世界遗弃一样。**每**

一年，你都觉得会有人陪你过下一个节，所以你从来就没有什么打算，因为你的所有打算，都是另一个他的打算。

但节日却像是对号列车，一班过了又接着一班。只有他还误点，而你却还等在原地。

因此，每当有人问起"怎么庆祝节日"，就像是挑起你的孤单神经似的，你原本觉得自己藏得很好，已经有了寂寞抗体，但没想到只要一句话就让你无所遁形。这些话语就像是一盏聚光灯，照亮了你隐藏在阴暗处的哀伤，你以为它们早就消失，但没想到其实一直都在。你才发现你的坚强就像是积木，看似牢靠，可一碰就垮。外面的声音越是热闹，灯光越是耀眼，就让你的孤单越加喧哗。

这些话语，像是火光，点燃了你的寂寞，让你的寂寞更寂寞。

但其实你并不讨厌节日，你甚至是喜欢过节气氛的，你也喜欢吆喝大家一起庆祝，圣诞交换礼物、新年一起看烟火、元宵一起吃汤圆……但曾几何时，你竟然开始害怕节日。因为整个城市都是他的影子，每个街角都有你们一起的足迹，只要一踏出门，他就无处不在，尤其遇到节日更是铺天盖地而来。

此时你才发现，原来自他离开后，你的时间就此静止，不管他走得多远，背影始终都停留在你身上。你的心自始至终都还停留在他转身的那个时候。因为害怕看到鬼，所以你在夜晚点灯，不踏出房门一步，怕任何的风吹草动都会招惹自己的眼泪。而你也没想到，就因为害怕与过去重逢，赔上的却是自己的以后。

你背对着跨年施放的烟火，只看到地上自己拉长的影子，耳朵轰隆声响，你眼睛只看得到黑，却错过了缤纷的火花。

好长一段时间，你都忘了新年其实与他无关，你的新年是你的，而你的快乐，也是你的。两个人过节很幸福，一群人过节很开心，但是，一个人过节也很好。过节并没有非要怎样不可，是自己偏执地想要抓住什么。所谓的过节，应该是在自己的心里，而不是别人的手里。而节日也没有错，就像是他的离开，亏欠早已随着节庆的更迭消失，但只有你还放在心上。

你才惊讶地发现，虽然他已经离开，但你却还把心寄托在另一个未知的人身上，你从来都是在依附着某个谁生活。经历过这些后，最后你才有了新的体悟，或许别人会让你伤心，可是自己却不能让自己不快乐。因为到头来，你的不快乐并没有谁会在意，只有对不起自己而已。而他人，无法对你的伤心负责。

于是新的一年即将到来，你学着练习，可以坦然地面对任何节日。学习一个人过节，并不是意味着你的独身宣言，只是表示从此自己的心情并不需要再仰赖他人或节日，然后，活得比以前更好。

从今天起，你要开始把快乐过得像自己的，而不是依循他的。

两个人，却单身

一个男人的告白：
"男人在没认定一个人之前，都是单身。
这跟身旁有没有伴，没有任何关联。"

在他转身进入健身房的那一刻，你突然清楚意识到一件事：当他在一个星期当中，见到健身教练的时间比自己还多时，或许就是该思考这段感情的时候了。

你知道他一定会觉得你这样很幼稚。因为你一个人也可以过得很好。在很久以前，你早就已经学会了一个人生活。自己吃饭，自己逛街，自己一个人搬家，即使是独自一人过圣诞节你都已经可以很坦然。你在很早之前就知道，没有一个人非要另一个人不可，人与人靠得再近，最后都还是一个人。**就像是你曾经被放逐到荒岛过一样，你训练**

出了那些求生技能，它们在你心里扎了根。

　　但是，那是一个人的时候，而现在，是"我们"，是复数词，不是一个人。但你却常常还是觉得自己是一个人。

　　你也知道这样的想法说出来后，他一定会觉得你无理取闹，就像他也不懂，睡前的道晚安是多么重要的事。你更是认同每个人必须有自己的嗜好与生活，就像你喜欢美食、买鞋子一样，但不同的是，顺序与多寡。你跟他计较的，从来都不是他去运动这件事，而是多跟少。所以他并不知道，其实你很喜欢他去运动。但是，同时你也知道自己不是他去运动的理由，即使他强硬地说："我身体健康，都是为你呀。"人要先爱自己，才能够去爱别人。这道理你懂的。只是你没说破。而运动，也是好的，就像爱情一样。

　　可是、可是，你还是希望他比现在更爱你一些。

　　但你也清楚，爱是要不来的。"能要来的就不是爱。"在多少个夜里你被这句话给惹哭，但就是不甘心，于是去抢、去争，就算去偷也都要得到。**直到千疮百孔才认清男人的爱要不起。因为当他不想给的时候，他连你的眼泪都看不见。**你有过这样深切的经验。所以你不再哭了，不是因为坚强，而是因为在哭之前你学会先笑了。笑自己的可悲。所以你再也不打算跟任何一个人要他的爱，你更不想去等一个人长大，因为自己的时间比他的珍贵。

你并不是对爱灰心，相反地，是你更确切地体悟到爱。你已经过了小女孩等待白马王子的年纪，因为白马总是让你追不上，多少次被抛下后，你就深刻了解，你要的是王子，但并不需要白马。你需要的是可以跟你牵手的人，而不是华丽的红袍，王子也可以是赤脚。你还是想要爱，但不是去幻想爱。

因为在那段两个人但却感到孤单的时光里，你也深刻明白了一件事，**"一个人"是一种选择，而不是一种状态。**

再后来你才发现，原来自己还是拥有选择权，所以在此之前，你学会先爱自己多一点。

爱，
如此困难

一个男人的告白：
"爱的困难？没钱。好像说过了。"

你忘了从什么时候开始，爱情竟然变得是一件困难的事。

你从大学时代就一个人到外面居住，青春的羽翼丰厚，你急着振翅高飞，每一双试图握住你的手都是羁绊。你在未成年时就开始期待这天的来临，只要搬出去住，就可以彻夜不归；只要搬出去住，就可以看整晚的电视；只要搬出去住，吃完的泡面碗就可以隔天再收……然后，你也恋爱。你们整天腻在一起，说笑，吵架，然后和好，爱情很轻盈，觉得只要有了彼此就能抵挡住风雨。

当时的恋爱干净透明，就像是水。喝得再多，对身体都没有负担。

只是，你怎样也没想到，从此之后自己都是一个人。你毕业了，换上套装，以为这是告别孩童的成人式，然后进入了职场，经济独立，自己终于成为一个完整的个体，人生可以因此而更宽广美好。但事实却刚好相反，世界并没有随你的毕业而变大，反而像是收进纸筒里的毕业证书一样，在圈圈里头不停地打转。长大没有让你距离爱更近一点，反而把它越推越远。

你发现自己的生活范围固定了，平常是白天上班，下班回家，偶尔运动，周末则与姐妹淘聚会，但永远没有新成员加入。你们会一起跟着杂志上报道的指标美食跑，提早一个月预约餐厅。你们什么事都可以打理得很好，按照计划进行，但发现只有爱情预约不来。然后，再也没有因为半夜一通临时的电话，就一群人去吃麻辣火锅的邀约。接着，你兴起了养宠物的念头。猫或狗都可以，只要有体温就行。

当然你试着想要让生活过得不同，但却发现不知道该如何改变。你的困难在于，你无从着手。你在交友网站上发了个人资料，却发现自己已经学不来嘟嘴睁大眼睛的无辜表情；你在脸书上加了几个不错的男生，但你们最大的交流也仅限于点赞；偶尔的单独约会，也多数是在沉默的时光中度过。你并不是内向的人，其实你很多闻，很健谈，认识你的朋友都知道，但什么时候自己竟然开始在面对一个男生时会感到胆怯？你害怕自己说错话，害怕自己不够好，害怕自己不得体……你有太多的害怕要顾虑。

但是、但是，大多数时候其实是，你根本无法认识一个人。

你束手无策，像是一个在超市里跟丢母亲的小女孩，张大眼站在原地，不知道该往东还是西。但是你已经过了爱哭的年纪，所以只能放任自己站在原地心慌。然后，束手无策。

即便真的有机会认识了一个谁，往往在你还无法真正认识对方之前，他便已经消失无踪。而你，也总来不及让对方去了解什么是真正的你。你有多么幽默，你的善解人意，以及你是多么会下厨，对方永远无从知晓。爱情的困难在于，它并没有模拟试卷，没有参考习题，也不像考试这次不及格还有下次的机会，每一次爱情的机会都是独一无二，而且稍纵即逝。

以前的你觉得爱讲求缘分，现在的你则认为，爱需要的是奇迹。

然后，你又回头问自己是否不再相信爱情，才发现，原来你不相信的其实是自己。这么长的空窗，让你没了信心，你怀疑是否自己有某种缺陷，根本没有爱人或被爱的能力。但是同时你心里也清楚地知道，自己很好，所以值得一个好的人对待，而不是随便。你终于恍然大悟，**原来奇迹需要的不是创造，需要的只是相信。因为一旦不相信了，奇迹本身就不会存在。**

但爱还是很困难，可是，每回、每回，你都试图让爱变得简单一点。就像是夏日午后的雷阵雨，你告诉自己爱的坏运气有天终会过去。然后，有一天会再牵起另一个人的手。在此之前，你需要的只是先照顾好自己。

写给未来的他的情书

一个男人的告白：
"我老婆是我这辈子最爱的人吗？
比较可以确定的是，她会是我爱最久的。"

最近，你时常会想起他。你的初恋。

你忘了自己是从哪一刻起，看事情的方式突然不同了，就像是长大这件事一样，等到自己察觉的时候，早已经不是青涩的模样了。也就像是你的初恋。你们那时候没什么钱，无法上高级的法国餐厅，但在路边吃鸡排就觉得无比满足，幸福来源也不是一瓶两千块（台币）的红酒，而是一杯三十块（台币）的珍珠奶茶。当时的你们也不懂什么是爱情，但却最快乐，也最像自己。后来的你，再也谈不成那样的恋爱。

也因此你才慢慢晓得，一个人一生最幸运的事之一，就是在初恋时就遇到一辈子的伴侣。年轻的你，曾经觉得这样很蠢，不多比较尝试，怎么会知道谁适合自己，谁又是最好的那个人呢。但长大之后，你才发现尝试并不能保证幸福，而多爱几回也与对的人无关，所以你才会不断地爱了又爱，在路上跌跌撞撞，到现在还是自己一个。

原来、原来，自始至终都只爱一个人其实是一种好运气，爱情向来就是需要运气才行，这也是你后来才体悟到的事。与一个人厮守，不只需要勇气，也需要更多的直觉，相信他是对的，认定他是好的，而那些人早在最初就遇到了这样的对象，遇到愿意让自己从此与他一起生活下去的人，这，简直是一种奇迹。你跟着也才发现，当初的轻佻已经随着时间流逝而退去，现在的你对于那样的爱，剩下的只有更多的羡慕。

但同时你也了解到，自己并没有那样爱的好运气。于是，你开始准备自己。

以前的你，觉得自己不比别人差，可为什么爱情总是与自己擦肩而过，你那么努力，爱情却没有相同的响应。你总是觉得爱情亏欠了你。但是，现在的你接受了这一点，因为爱情向来跟好或不好无关，而承认自己没有他人的爱情运气，更不表示自己的投降，取而代之的反而是更多的宽心。你学会了放过自己，你不再苛责自己是不是有所欠缺，因为只有你知道自己已经尽了多大的努力，然后，比以前更加珍惜自己。

你开始把时间拿来对自己好，你学习、阅读，也开始试着与自己对话，你把自己打理得很好，或许爱情亏欠了你，但你不能亏欠自己。你也开始试着找回那个十年前的自己，不再勉强自己为了想要爱而去违背自己的心，你学着对自己诚实，对爱情诚实，就像是当初那个青涩的自己。你学着把过去那一段段失败的爱情，当成是一道道的练习题，他们都是来帮助你理解爱以及在爱里的自己，然后下一回可以爱得更好。

那些夭折的爱情，就像是跳跃前的助跑练习，都只是过程，在终点处你终会一跃而起。

以前的你，最努力的事情是去恋爱，很拼命，不怕苦，相信人定胜天，你总会胜利。而现在的你，则是把时间拿来将自己准备好。你不再跟老天爷比赛，然后有一天，等他出现，再相爱一回。

你还在练习自己，想把自己变得更好，好到等未来的他出现时，再也舍不得让你离开。

其实，
你不是非要爱他

一个男人的告白：
"挚爱是比较级，所以只能有一个，但一辈子很长，爱的可以不止一个。"

你所有的不快乐，原来都是来自，你非要爱他不可。

一直到有人提醒了这件事，你才有种大梦初醒的感觉。不知道何时，你的脑中的开关被切换了，你只想着"他不能离开我"、"我不能没有他"……你的思考模式被设成了"我不能落单"，因此所有的思考点，都是以两个人为出发点，你再没想过其他可能。也或者是，你也不想去思考其他的可能。

你已经过惯两个人的生活，所以再不要一个人，你觉得自己一个人会不好。因为拥有了，就觉得是自己的，所以不想失去，才抓得更紧。也因此你研究他的一举一动，你去猜想，去推敲，只要一个眼神转动，一声半夜的手机振动，稍有不对劲就让你筑起了防线。你开始无法专心，你的心跳跟着他的电话铃声一起跳动，你的呼吸跟着他回家时间一起起伏。一直到草木皆兵，你才惊觉，曾几何时自己眼里的专注，都已经变成了猜疑。你不要他的爱跑走，但没想到却是自己先让爱变了质。

而你更忘了，自己在遇见他之前，其实都是一个人生活。一个人也可以过得很好，没有人非要另一个人不可。

于是，你去思考自己对爱的定义，以及自己想要的对待。你无法把抓贼当乐趣，你想要的是一个可以让自己安心的关系，而不是处处让你起疑的对象。

当然，你也不是天真到以为只要有信任，爱情就可以保证不会有变化。

但是，以为盯牢他的一举一动就可以确保他不爱上别人，对你来说更是一种天真。因此，越是花更多的力气去寻找蛛丝马迹，你越加觉得荒唐，你们是男朋友与女朋友，怎么过成了小偷与侦探。

突然间，你忆起了那些爱的初衷，现在都去哪了？或许你无法保证爱情的结局，但无论如何都不要去后悔自己当初怎么没有好好爱他。因此，你要自己只管去爱他，你要很努力去不让自己后悔，而不是现在就放弃了还可以爱他的机会，然后去怀疑。于是，你开始学着把悬疑推理剧变成浪漫的爱情偶像剧。**关于爱情，你只能很努力，没有谁可以拥有特例。**

跟着你才明白，爱之所以动人，其实是因为里面的两个人，而不是因为一个他。而**自己拥有的也并不是他，而是两个人在一起的那份美好。**爱情，是两个人一起经营的成果。你也才发现，原来你的快乐可以靠自己的努力，你的快乐都是你的，而不是在他手上。

因为没有一个人可以掌控另一个人的快乐，除非是自己交出去，而快乐也不应该是寄托在另一个人身上才是。

你也不一定要迁就他不可，你同样拥有选择权。你可以选择你爱的人，以及你想要的爱。你的爱，不单只是他选你，而是你也可以选他。就像是你可以选择快乐的爱，而不是猜测。如果他不够好，其实，你不是非要爱他不可。

当"新年快乐"
变成了
"有对象没"

一个男人的告白：
"要对象很容易，有没有想娶进门的才是重点。"

你忘了从哪一年的过年开始，人们口中"新年快乐"的祝贺都变成了"有对象没"。

只是，等你察觉到这件事情时，才发现自己早就已经被贴上"滞销品"的标签。不管你单身的原因为何、条件如何，但结论都只有一个，就是"你没人要"。尤其是你的爸妈。于是你惊讶地发现，原来无论自己在外面多拼命工作，把自己打理得多么好，或是多么独立自主，到了他们眼里，你都只是一件商品，等着顾客上门挑选，然后购买，要是销不出去就一点价值都没有。你所有的努力，都因为他们的一句话，跟着被推翻。

结婚，成了他们评断一个人价值的唯一标准。你觉得好笑，但同时还有更多的灰心。

然后在某一个无意间，你才发现了事情的真相。隔壁的阿姨会问："跟她同年龄的都结婚了，她怎么还不结婚？"对面的伯伯会说："怎么不赶快嫁出去？一个人很可怜。"就连住在南部的远亲都会叨念上几句："不结婚，老了剩一个人很凄凉。"原来你的父母也承受着外来的压力，当你看到他们在面对询问时的尴尬表情，其实你很心疼他们，其实你比他们还要难受。

你也从来都不知道，**原来他们觉得你过得不好，在他们眼里"单身"与"不快乐"是等号。**

你突然怀念起从前，在很久以前，当"新年快乐"还没变成"有对象没"时，你跟你的父母是站在同一阵线，你们一起抵抗外敌，保护彼此。但曾几何时，你最亲爱的人却也开始拿着外人的剑面向你。比起你的单身，其实这件事让你更加感到受伤。当面对旁人类似这样的询问时，你多想听到他们口中的"我也很担心"变成是"慢慢来，不急，活得开心比较重要，要是嫁得不好就更糟了"。你多么希望他们是你的后盾。

再接着，当你向他们报告你又加薪时，他们会说："要是谈恋爱有那么认真就好。"当你享受一个人在家看 DVD 的时光时，听到的会是："不要都待在家，难怪交不到男朋友。"当你即将实现梦想已久的旅行计划时，他们则会皱着眉："只顾着玩，也不好好找对象。"那些原本是你对自己好的方式，在他们眼里都成了一种阻碍。再后来，当你为了表达孝心多包了一万块的红包时，他们回复给你的却是一句："我们不需要这些钱，我们是希望你赶紧找个对象结婚。"

到最后，你变成了他们的新年愿望，他们的梦想都得仰赖你来完成。

你很想告诉他们说，请他们收起他们的担心，你比他们所想的勇敢，也比他们知道的更珍惜自己，你比较希望自己是他们的宝贝，而不是他们眼中的滞销品。你也想让他们知道，其实你现在过得很好，未来也会努力让自己过得好，不管是一个人、两个人，从今以后你都会让自己快乐。比起结婚，这才是你的信仰。

你很抱歉他们的愿望无法实现，但你也很想说，我也有我自己的梦想，我不是一个没有思想的商品，我的人生不应该是为了实现你们的梦想而存在。再者，最根本的问题其实是，你不是不想"结婚"，而是不想"随便就结婚"。你并没有排斥其他的可能性，只是，你也不想为了给谁交待就不聆听自己的心。

"你有对象没？"下次当有人这样问起——"我现在很快乐。"你一定要这么回答。

距离你的喜欢，
我，
还有多远

一个男人的告白：
"男人没有所谓的比较被动，只有要或不要，喜欢或不喜欢。"

你还是会忍不住去看他 MSN 上的昵称，也还是会不由自主地去看他脸书上的最新动态，然后在按赞与不按赞之间挣扎。就像是伊斯兰教徒每日定时朝麦加方向膜拜一样，你养成了这样的习惯。每看一回他的讯息，你都觉得自己离他又近了一点，然后再近一点，或许有朝一日便可以抵达他身边。

盯着这些窗口的时候，都代表了你正想念着他。

接着，你发现自己花在网络上的时间变多了，但看来看去都是同一个页面。你从上面获得他的资讯，他去了什么地方吃饭、跟个什么朋友去新开的酒吧喝酒，甚至你还知道他最近买了一件蓝色的 T 恤，上面印了只老虎的图案。那是他最爱的动物，也是他的生肖。你越来越了解他，可是，你却发现你们的距离变远了。

他总是很忙，他总是有事，他总是有千百个理由，不回讯、不回电话，然后某天又突然出现，脸上挂着若无其事的笑容。他跟你打招呼，聊今天的天气与交通，但就是不聊他跟你。你拒绝过别人，所以你清楚，不喜欢一个人是怎么一回事。就像他的视线永远不在你身上一样。所以，你再也不敢主动。

你不是不勇敢，而是太明白喜欢一个人是什么样子。就像你对他，也就像他不这么对你一样。

思念他的时候，你离他最近，但却离自己最远。

他当然没那么好，眼睛太小，发型很丑，对衣服的品位你也不敢恭维，但喜欢一个人，从来都跟好或不好没有关联，跟自己的心比较有关。你也不要自己去挑出他的缺点来讨厌，因为你知道，其实，他并没有犯什么错，只是不喜欢你。没有谁对不起谁，你也不想讨厌他。因为讨厌人，最后会连自己都讨厌。

"距离喜欢，还有多远？"你曾经在心里问过自己这个问题无数次，渐渐才知道，原来喜欢没有所谓的距离远近，答案只有"有"或"没有"。而距离他喜欢你有多远，其实只有一点点，那就是"喜欢"这一点。

后来，你才发现，原来每盯着他的讯息多一回，其实都是自己在一点一滴消除自己对他的喜欢。就像是一种宗教仪式，人们借由祝祷来获得心灵的平静，你则是用麻痹来当作处方，希望有一天可以戒掉对他的喜欢。你还是觉得他很好，但开始希望自己以后可以找到跟他一样好的人，然后在一起。你把心空了出来，想摆进另一个人。

他可以不顾虑你的感受，但你必须对自己的人生负责。

他的话，你的花

一个男人的告白：
"男人不是爱说谎，说实话其实不难，
难的是，说出来后，对方要不要接受。"

那一瞬间，你懂了言语是花。可以说得漂亮，但也很快就谢。

分开的几个月后，你听到了他有新对象的消息，你有些惊讶。他的话言犹在耳："我工作很忙，没时间照顾谁，而且我很麻烦，不好伺候，很难跟谁谈恋爱，不是你的问题。"怎么这些像是自责的话，听起来都像是："你不够好，配不上我。"**他说的这些话，其实在说的并不是他的不好，而是你的不足够。**

你已经不是小女孩了，当然听得懂这些。因此，为了配得上他，你努力学习，早上阅读自己不看的财经新闻，为的是晚上三分钟的闲聊，你不嫌少，你以他为中心，多一秒都已经很足够；你努力照顾自己，为的就是不让他担心，不成为他的负担，他好，你就好；你配合他的作息，晚餐时间八点起跳，就寝时间至少两点，他是你的天，你所有的时间都跟着他的走。

你把他当成太阳，白天黑夜都是他。

不只是配得上，你想成为他理想中的那个她。你可以不要自己，但不能不要他。

可是，终究他还是走了。爱情本来就不是努力就会有收获，你很懂，因此你不埋怨。但在你的心里面，一直觉得是因为自己还不够好，因此跟不上他的步伐，所以才会被他抛下。就连他的离开，你也觉得是自己的错。因此你怎样也没想到有另一个人，会这么快就跟上他的脚步。不过虽然讶异，但你仍给得起祝福，你还是希望他好，至少自己无法给予的，有一个人可以代替你做到，为此你很开心。

然后，你看见了他的那个她。她不像是你，这是当然，你很可以接受，但是，她却也不像是他曾经向你诉说过的理想典型。甚至，背道而驰。你受到的打击很大，几乎比你们分开时还强烈，你觉得可笑。你曾经那么自责，那么拼命想要变成他的理想典型，但这一刻你才明白，原来并不是你不够好，只是你不是他要的，如此而已。

　　你才惊觉，原来爱情里从来就没有谁追上了谁，是他停下来等她。爱情，比什么都残酷。

　　而他说过的那些话，你曾经细心呵护照料、奉为圣旨，现在听来很是讽刺。舌灿莲花，如花的美，也如花般隔夜就凋谢。人会伪装，也会把话说得好听，这是人之常情。也或者是，人总是善变，在某些时刻就会有了转变，他当时的话或许也是真，只是抵挡不住时间，你也试着如此去猜想。但立即又觉得自己好笑。你才想到，他的喜或忧，其实早与你无关，也就像是他的话。

　　那一刻你也懂了，一直以来你都以为是自己配不上他，但没想到其实是刚好相反，是他不配拥有你。

话有好有坏，但你可以选择让好话在心里落地生根，而不是让它在自己的心里腐坏。你当然还是希望他好，但你要把祝福拿回来给自己，你想用心去听自己心里面的话，然后，让它盛开。人或许会说谎，但你必须对自己说实话。

　　而他说的话，同样也有假有真，但可以确定的是，你再不用都当真。

爱一个人要很努力，
分手也是

一个男人的告白：
"男人跟女人的不同，她是他的一部分，但他却是她的所有。"

原来要遗忘一个人，除了需要时间之外，还需要努力。

你忘了是谁跟你说过，跟一个人谈了多久的恋爱，分手后，就要用它一半的时间来遗忘。你不知道这样的话的准确度有多高，只是当时的你，一点也没办法去思考"遗忘他"这件事。你们在一起了，你的心为他开启了，然后他走了，又把你的心给关上。你怎么忘记他，因为钥匙还在他的手上。

于是你望着他离去的背影，不肯转身。就像是背对着未来往前走，不仅看不见未来，离过去也越来越远。你认为这是一种纪念，但最后才发现拥有最多的，并不是与他的回忆，而是自己的悲伤。原来自己一直紧握着的双手，以为抓住了什么，一打开才发现里头都是风，未来与过去，你都失去。

他走了，但你却还想跟他要未来，跟着把过去当成一种未来在过。原来**爱情并没有让你目盲，是你用双手遮住了自己的去路。**

你想，或许是因为你还很伤心你们分开，所以才会无法释怀，你觉得自己还有那么多的好要给他，它们都还在你这里，你不想留，你都想给他，但他却不在了。

所以，你才会站在原地不肯走，就像是一个要不到糖的小孩。你才惊觉，原来这是一种耍赖，源自人的天性，只是后来你长大了，学会自己去挣，而不是去要。但在爱情里，你发现自己又变回了当初那个小孩。

也或许是，我们之所以会谈恋爱，就是因为潜意识里我们都不想长大，想要被宠、被疼。想要在爱里，逃避现实。

爱是逃避现实的一种方式。但人会长大，爱情也是，人只能往前走，若不想被留下，就只能跟着一起前进。也就像是分手，也需要去努力。最后你才明白，原来当初自己用了多大的力气去爱一个人，分手时，也要用同样的力气去遗忘才行。

没有人天生是恋爱好手，也没有人生来就是分手高手，爱情我们都要很努力，而分手也是爱的一部分。因为，只想要恋爱的好，而不想要恋爱的伤，也是一种耍赖。

两个人在一起时，你是为了"我们好"，但分开了，则是"为自己好"，其实你的好都还在，只是你忘了，现在则要拿回来给自己。你也开始学习将他曾给你的好留在身后，再试着把要给他的好，给别人。你要开始练习，对另一个人好。

努力去学习分手，就是对自己的一种好。

时间会一直往前，谁都无法阻挡，但你不想被拖着前进，你想跟它齐步。你再不要被抛下，所以你要很努力，很努力地去忘记他的好。

于是，你学着转过身，才发现，过去并没有被你给抛弃，反而跟着你往前的步伐，一起走成了未来。

或许爱情丢了你，但至少你可以保有自己。

他走了，你的天暗了，但你要在自己的心里，为自己留一盏灯。你也要开始练习，自己的未来，不再包含着，他。

不恋爱的人

一个男人的告白：
"不想恋爱？
当然，在遇到没有想要恋爱的对象之前，都是不想恋爱的状态。"

世界上有两种东西是努力不来的，一种是血缘，另外一种是爱情。先弄懂这两点，才会放过自己。

你曾经遇过一个男人，他把事业摆在第一，把朋友看得很重，周末常常是满档的活动饭局，他永远都很忙，然后他会说："我现在不想恋爱。"你听到了，所以不吵不闹，改以安静替代追问，再把急切转换成耐心。你知道，爱一个人是把他摆到自己前面，这是爱的真谛。你要做得很好，好到他无法挑剔，然后等有一天他想找个人定下来时，会第一个想到你。

你也试着猜想，一定是他还没机会好好认识你而已，一旦他知道了真正的你，就会明白你对他的好，跟着就会动心。你想过千万个他不想恋爱的理由，然后再用那些理由来说服自己还有机会。只是当时的你却没发现，原来自己是用好在交换爱，但你忘了好跟爱从来都无关，也跟等待画不上等号。

爱情，并不是用餐候位，等久了就是你的。爱情是一场没有号码牌的比赛，没有先来后到。

一直等到他心中的位置被谁给占据，你才发现自己手上握着的不是入场券，而是根火柴；原来自己并不是他眼中的灰姑娘，可以等待着水晶鞋让你摇身成为公主，而是一个卖火柴的小女孩，等待施舍，只能点燃火柴追逐着幻影，美梦只有一根火柴的长度。你才惊觉，原来，自己从来都没有入场的资格。

花了那么长的时间，你终于才懂了，原来他并不是不想恋爱，而是，没有一个人出现，让他想要恋爱。没有那一个人，让他愿意舍弃他的自由、他的设限，然后全心全意去投入。自始至终，他不要的都不是爱，而是，他要的是自己想要的爱，就如同你对爱的追求一样。只是他要的那个人，不是你。

原来，原来，他的话，你听到了，你知晓了，但其实心里从来都没听懂过，他的不想恋爱，指的是，不想跟你恋爱。

于是，你不再逼迫自己，不再问自己还要等多久，是不是哪里还有所欠缺，也不再去试图勉强他，跟他要他从来都无法给予你的答案。爱情不应该是一种为难，不是非要掏心掏肺才能换得。这也是一种对自己的善待，你终于不再患得患失，不再把不可能当作可能。你不想当卖火柴的小女孩，你想要的是一个去爱你的对象，而不是努力去让谁来爱自己的人，你想丢掉火柴棒穿上水晶鞋。

在爱情里，等待并不是一种美德，有时爱情的确需要耐心，但你不再把时间当作自己最大的凭借。因为，你可以付出你的爱，但你禁不起谁的恣意挥霍。